MILLION DOLLAR CONSULTING

咨询顾问的商业思维

（第5版）

THE PROFESSIONAL'S GUIDE TO GROWING A PRACTICE
(Fifth Edition)

[美]艾伦·韦斯 著　李海峰　彭淑军　冯玉秀 译

清华大学出版社
北　京

Alan Weiss
Million Dollar Consulting: The Professional's Guide to Growing a Pratice, 5th edition
EISBN: 978-1-259-58861-7
Copyright © 2016 by McGraw-Hill Education
All rights reserved. No part of this publication may be reproduced or transmitted in any form or by any means, electronic or mechanical, including without limitation photocopying, recording, taping, or any database, information or retrieval system, without the prior written permission of the publisher.
This authorized Chinese translation edition is jointly published by McGraw-Hill Education and Tsinghua University Press. This edition is authorized for sale in the People's Republic of China only, excluding Hong Kong, Macao SAR and Taiwan.
Translation Copyright © 2021 by McGraw-Hill Education and Tsinghua University Press Limited.

版权所有。未经出版人事先书面许可，对本出版物的任何部分不得以任何方式或途径复制传播，包括但不限于复印、录制、录音，或通过任何数据库、信息或可检索的系统。
本授权中文简体字翻译版由麦格劳-希尔教育出版公司和清华大学出版社合作出版。此版本经授权仅限在中华人民共和国境内（不包括香港特别行政区、澳门特别行政区和台湾地区）销售。
翻译版权 © 2021 由麦格劳-希尔教育出版公司与清华大学出版社有限公司所有。

北京市版权局著作权合同登记号　图字：01-2020-6979

本书封面贴有 McGraw-Hill Education 公司防伪标签，无标签者不得销售。
版权所有，侵权必究。举报：010-62782989，beiqinquan@tup.tsinghua.edu.cn。

图书在版编目(CIP)数据

咨询顾问的商业思维：第 5 版 /（美）艾伦·韦斯 (Alan Weiss) 著；李海峰，彭淑军，冯玉秀译. — 北京：清华大学出版社，2021.6（2023.9重印）
书名原文：Million Dollar Consulting：The Professional's Guide to Growing a Practice, Fifth Edition
ISBN 978-7-302-58394-3

Ⅰ.①咨… Ⅱ.①艾…②李…③彭…④冯… Ⅲ.①咨询服务—商业经营 Ⅳ.①F715

中国版本图书馆 CIP 数据核字 (2021) 第 123564 号

责任编辑：陈　莉
封面设计：周晓亮
版式设计：思创景点
责任校对：马遥遥
责任印制：丛怀宇

出版发行：清华大学出版社
　　　　网　　址：http://www.tup.com.cn, http://www.wqbook.com
　　　　地　　址：北京清华大学学研大厦A座　　邮　编：100084
　　　　社 总 机：010-83470000　　　　　　　　邮　购：010-62786544
　　　　投稿与读者服务：010-62776969, c-service@tup.tsinghua.edu.cn
　　　　质量反馈：010-62772015, zhiliang@tup.tsinghua.edu.cn
印 装 者：三河市东方印刷有限公司
经　　销：全国新华书店
开　　本：148mm×210mm　　　印　张：7.75　　字　数：205 千字
版　　次：2021 年 8 月第 1 版　　印　次：2023 年 9 月第 5 次印刷
定　　价：58.00 元

产品编号：090366-01

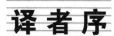

译者序

非常多的优秀的授权讲师向我推荐艾伦·韦斯的书，我也在微信群里对其做过系统且深入的分享。这次有机会组织翻译他的书，我感到非常荣幸。

作为 DISC+ 社群联合创始人，自 2015 年开始，我亲自认证了超过 5 000 位 DISC 授权讲师。很多人来参加 DISC 授权讲师认证，是因为热爱这份事业，也因为这份职业稳定。真正的稳定，不是在一个地方吃一辈子饭，而是一辈子在哪里都有饭吃。

2021 年 1 月 8 日出版的《人民日报》上，刊登了一篇《副业也有大能量》的评论，鼓励"副业创新"。在我看来，这其实是鼓励多元化职业的生存发展。如果大家能把未来的个人竞争力放在通用软技能的专业发展上，往往可以做到"副业变现，主业变强"。

我们的 DISC 授权讲师，一见面就喜欢问：你赚回学费了吗？

我们当然知道，有没有赚回学费不是衡量一个课程好坏的唯一标准，但是对于技能型课程来说，能否转化为生产力工具则是很重要的评价标准。赚回学费，以及持续赚回 N 倍学费，就不会让自己停留在考核自身的能力上，而会要求你打造出自己的交付系统、营销系统和运营系统。

这一切都离不开良好的商业思维。

一个专业人士，一旦有了良好的商业思维，他的人生之路就会顺利前行。

对于很多人来说，培训师是一个很好的选择，因为职业讲师的收入较高，哪怕只在周末做几场培训，也会收入颇丰。

同时，我也看到，很多人除了做培训师，还可以做很好的演讲家，成为很好的教练，成为很好的咨询顾问。他们知道诀窍，身法灵活。

他们常常提到一个人：艾伦·韦斯。

韦斯博士被同行视为传奇，美国纽约邮报称其为"美国最受尊敬的独立咨询师"。他把自己很多的实战经验做了系统的梳理和总结。他获得了美国出版协会终身成就奖，并入选专业演讲协会名人堂。

他是一名实战专家。你手上的这本书来自他的百万美元系列图书，他把这套书的目标定为"帮助你的银行账户增加一百万美元"。

这套"商业思维"的译本涉及"教练""咨询顾问""演讲家"三个职业的相关内容，重点探讨的是如何"营销"，如何实现商业化，即作为专业人士，无须常常超额完成工作，也可收入不菲。

这套书出自同一位作者，作者结合多个方面进行综合讨论。我建议你三本书一起看，能够更好地建立自己的商业思维体系。

译本尽量尊重作者原意，而对于很多问题的具体看法，大家可以通过译者的微信与译者团队直接沟通，我们会通过提供免费资料、举办线上共读会和做线下演讲及培训等方式来做分享。

赚钱不是终极目的，通过工作实现我们的价值感和幸福感才是多数人的追求。

脉脉数据研究院发布的《人才吸引力报告2020》中，幸福指数排名第一的行业是"教育/培训/科研"。具备商业思维的专业人士是可以实现物质、精神双重富足的。

追求自由和意义的动力和与盈利性工作相结合的机遇将超出你的想象，未来新的工作杠杆支点是你的专业能力和你的商业思维。

面对变革，是选择对抗还是接受，这由你决定。机会不会永远存在。越早出发，你具有的竞争优势就越大。

李海峰

前　言

1990年，我为我的第四本书拟定了一份纲要，给书命名为《一位咨询顾问的自白》。这本书的目的是提醒公司高管，发生了什么他们不知道的问题，以及结合企业内部实际，需要什么样的外部资源才能让他们变得更高效。毕竟，我是一个组织发展顾问，正在与《财富》1000强的公司合作。

这本书的构想被15家出版商拒绝了。然后有一天，我的经纪人打电话给我，我刚装了全新的车载电话，电话声音直接通过仪表盘功放出来，他说："我在麦格劳-希尔。"这可是全球最著名的出版商之一，我欣喜若狂。"他们喜欢这本书？"我叫道。

"不，他们不喜欢。"他说。

"杰夫，"我说，"你知道这个电话要花我多少钱吗？"

"他们想知道，"他平静地说，"你是否能写一本书，说说作为一名独立咨询顾问，你一年是怎么赚到七位数的。"

"我六分钟就能说清楚。"我说。

"我准备告诉他们你需要六个月，"他回答说，"我稍后再给你回电，我会打到你的办公室，这样联络的费用太可怕了！"

现在，你站在了当初改变了我的生活的面向全球经营事业的起点，从这里开始，你将帮助企业家和专家建立他们的事业，提升他们的自我价值，并过上他们向往的生活。你正在读的是这本书的第5版，对我来说更重要的是，这是25周年纪念版。我总共写了60本书，以12

种语言出版，咨询方面的书最多，不过，迄今为止，这本书仍然是我最畅销的书。

你们中的有些人正在重读这本书，有些人是第一次阅读。我想说的是，这本书基本上算是我从零开始写的，这意味着我没有使用过去的文件，直接在上面删减和修改，而是完全"从我的脑海输送到屏幕上"，没有参考。你会发现以前提过的内容在呈现上有所不同，新的内容之前从来没有提及过。

这份职业为我以及许多我培训过的人，提供了一个美好的生活。你可以适应新技术、全球化、观念的转变，持续的人口结构变化以及新的发现所带来的影响。只要你能创造并保持高水平的自我价值感，你就能做到这一切。我们不是"卖"服务，不是"拿"钱，我们提供的价值为买方带来了巨大的投资回报，因此收取公平合理的报酬。

成功的最基本因素是一个人的心态。当你读下去的时候，我希望我能影响到你的心态，让你欣赏自己的价值，并以与之相称的方式行事。之后，一切由你。

艾伦·韦斯
东格林威治
罗得岛州
2016年6月

第1章　到底什么是咨询顾问 ·················· 1

　我们都是咨询顾问 ················· 1
　百万年薪的隐喻 ················· 4
　你应该从哪里开始 ················· 8
　注定伟大 ················· 11

第2章　你建好了，他们就会来 ·················· 15

　创造市场引力 ················· 15
　加速曲线 ················· 19
　卓越的品牌 ················· 22
　统一场论 ················· 25

插曲1　客户和潜在客户的相互关系 ·················· 30

　两个不同阵营 ················· 31
　创造交叉点 ················· 32
　快速转换 ················· 33
　潜在客户 ················· 35

买方的生命周期 ·· 36

第3章 业务关系 ··· 39

建立信任的关键 ·· 39
语言 ·· 43
概念性协议 ·· 46
点击转换 ··· 50

第4章 费用如何最大化 ································· 53

基于价值的收费的基本原理 ······························· 53
预付费 ·· 56
RFP：需求说明书 ·· 59
选择 ··· 62

第5章 建议书 ··· 65

九个步骤 ··· 65
如何呈交 ··· 72
如何跟进、启动或恢复 ······································ 73

插曲2 价值的概念 ······································· 76

起源 ··· 76
意义 ··· 77
转换成价值 ·· 80
价值哲学 ··· 81
现代价值感知的例子 ·· 83

第6章 值得尊敬的咨询顾问 ························· 86

决定成功的不是资本或方法论，而是自我
　价值感 ··· 86
如何以独行侠的姿态创建一个"团队" ·················· 89
与真正的买家建立同级关系 ······························· 90

语言和自我对话的武术 ·················· 92
　　密封水密门 ······························ 96

第7章　网络空间的咨询顾问 ············ 100
　　真实的观点：这是一项关系业务 ············ 100
　　社交媒体平台 ···························· 103
　　商业媒体平台 ···························· 107
　　优先事项和浪费时间 ······················ 112
　　影响示例 ································ 115

第8章　交付 ································ 118
　　维持业务 ································ 118
　　培养回头客 ······························ 121
　　推荐 ···································· 123
　　新服务 ·································· 126
　　预付费 ·································· 129

第9章　思想领袖 ···························· 133
　　真正的思想领袖是什么 ···················· 133
　　创建思想领袖的步骤 ······················ 137
　　如何拥有一个细分市场并完全避免竞争 ······ 140
　　确定你开发知识产权的最佳定位点和关键
　　　因素 ·································· 144

第10章　职业道德 ·························· 148

第11章　全球视野 ·························· 157

第12章　设计你的未来 ······················ 161
　　依靠自己成为第一 ························ 161
　　灵活的未来 ······························ 164

第 13 章 创建公司 ·············· 167
个体与群体 ·············· 166
独立从业者的最高境界 ·············· 169
配置精良 ·············· 173
造雨人是濒危物种 ·············· 177

第 14 章 杠杆作用 ·············· 181
联盟 ·············· 182
分包 ·············· 184
外包 ·············· 187

第 15 章 创造并保持激情 ·············· 190
处理常务 ·············· 190
咨询委员会 ·············· 193
法律风险及意外 ·············· 196
风险和影响 ·············· 200

附录 ·············· 204
来自百万年薪咨询顾问界的建议 ·············· 204
与咨询顾问的访谈 ·············· 207

第 1 章

到底什么是咨询顾问

> 是来研究解决问题,然后陷入问题中的人?

我坐在加州拉古纳海滩的悬崖上,俯瞰着太平洋,在那里我为来自咨询界的全球咨询顾问们举行一个会议。酒店经理专程过来接我,路上问道:"您是什么时候意识到自己会成为一名咨询顾问的?"

答案是,从我受聘成为一名咨询顾问的那天开始。

我所认识的人当中,没有人学过如何成为一名咨询顾问。不要把 MBA 学生和入门的咨询顾问混为一谈,他们只是获得工商管理高级学位的学生。(我有三个研究生学位,但没有一个对我在这个行业的市场营销或交付方面有帮助。)这些学生毕业后很可能会进入德勤或麦肯锡,但他们只能做公司最基础、工作量最大的活,就像工蚁一样,肩负着比自己实际承受能力重很多倍的任务。他们是被压榨的,往往需要赚取比实际收入高出三倍的劳动收益,以此为公司创造利润。

仔细想想,工蚁的生活是富有创造力的。

我们都是咨询顾问

词典里咨询顾问一词的解释很简单,咨询顾问是"专业地"

提供建议的人。我理解，这意味着，提供建议是为了钱，因此，我们中有一些人是"业余"咨询顾问，有一些人是"专业"从业者。我想前者在某种程度上类似是一种准咨询顾问，就像美联储和联邦政府的关系，水星汽车隶属于福特公司一样。

但建议是廉价的。本书中我们讨论咨询顾问时，讨论的都是咨询顾问的专业技能。咨询顾问不仅仅是提供建议的人，更得是一名专家。例如，你偶尔会去滑雪，因此可以给我一些关于滑雪的建议，这可能足以让我在雪地上保持几分钟的站立状态。但是，我会付费给滑雪教练，让他教我专业的滑雪技能，他可以告诉我如何在大斜坡溜滑，回转，从失去平衡中恢复平衡，跌倒时应该采取的正确姿势。这种讲解专业知识和技能的教授比你随意的建议要有价值得多。

因此，当我们被建议包围时（尤其是如果我们生活中有一个对你非常重要的人，或者是如果我们有足够大的孩子可以交流时），包围我们的并不是专业的知识。我们和组织必须找到这类专业知识，要么维护提供专业知识的人（员工），要么保护其形成的环境（专家参与的短期项目）。

这本书是写给独立咨询顾问和咨询公司的老板的。虽然它的早期版本和我的其他作品经常被为大型组织工作的咨询顾问阅读，但这里聚焦的是"独立从业者"。考虑到这一点，接下来我们先为咨询顾问做个定义：

咨询顾问——在一个或多个特定领域有突出才能，并能与客户合作，以改善客户状况的人。

一旦你作为咨询顾问离开了一个合作成功的项目，客户的"状态"应该比项目刚开始的时候要好，当然，这最好是结合项目开始之前双方共同商议确定的目标一起看（稍后详述）。

请思考图1-1所示的咨询顾问和客户作为"合作伙伴"的关系模式。图1-1中的右上角，指的是合作者。在咨询中有两种作用方式相互影响着。一个是所解决问题的重要程度（纵轴），另一个是向客户传授技能，帮助客户坚持下去以获得成功（横轴）。

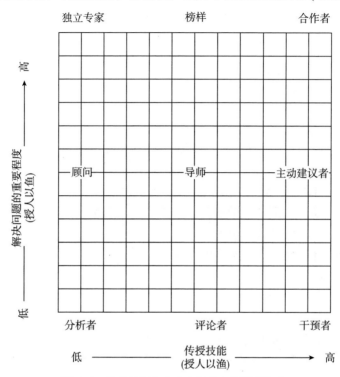

图1-1 咨询顾问和客户之间的合作关系模式

假如你在处理和解决一个重要的问题时，没有任何的技能传授给客户，那么你只是一个"独立专家"（左上角）。就像你会滑雪，但不能教我滑雪一样。例如，在一次庭审中，一位专家作为证人，证明了心脏支架植入是正确的，但他既不能执行手术，也不能教他人如何手术。

假如你传授了一些重要的技能，帮助客户解决了一个不太重要的问题（右下角），那么你就是一个干预者。类似于，你帮助人们学会如何回应客户的投诉，如何在汽车修理厂更换轮胎，如何用保险单承保风险，这些你自己做过的事情都可以教他们。

右上角的"合作者"代表咨询的真正价值。在咨询中，你在传授技能的同时，一个关键性问题也得到了解决。这就是咨询的最高价值和由此产生的高费用之所在。

> **经验之谈**：优秀的咨询顾问能做到授人以渔。而且，你传授的专业知识越多，客户就越看重你。

以下是专业咨询顾问的特点：

- 他们拥有学科知识（如何制作玻璃）或者过程知识（如何做出决策），并且可以传授给他们的客户。
- 他们可以很轻松地谈论他们的价值。
- 他们从不做"销售"或"推广"，而是专注于为改善客户状况做出贡献和提供价值。
- 他们通过增加更多的知识和经验，不断扩展自己的专业知识领域。
- 他们以价值为基础收费，不是按时间、人数或资料包来收费。

我知道，即便在我写了这本书 25 年后的今天，最后一个特点还是有点吓人。但如果你是按小时收费的话，按照这本书的定义，你只是一个业余爱好者，而不是专业的咨询顾问。我们将在第 4 章讨论收费定价的基础，不过，我怀疑你们中的有些人会迫不及待地先翻到那一章去，如果那样，欢迎回来！

现在专业知识变得如此重要，以至于客户在寻找咨询顾问时，个人的专业知识成为吸引他们的强大品牌力。品牌吸引力足够时，可信度、条款、费用及其他因素都不会成为屏障或者造成阻碍。

百万年薪的隐喻

在前言中，我谈到了这本书的由来，是应出版商之邀，介绍如何做到年薪百万。有时候运气比优秀更重要。

虽然这个标题和概念可能很吸引人，但从一开始我就明白这是一个隐喻。百万年薪代表的是你想要的生活方式所需要的资金，可能是45万美元，也可能是140万美元，或者是600万美元。真正的财富是可自由支配的时间，金钱只是获得财富的手段。(因此，有些人过于追求金钱，导致他们的财富减少了。)

而且，更重要的是实现这一目标所需要投入的劳动力问题。几年前，当我开始真正走向成功的时候，我的会计对我说："艾伦，减少债务和赚钱一样重要。"他向我说明了负债的成本、无债的力量，等等。由于他的建议，除了我的抵押贷款（维持这个有一定的有利因素）和几辆汽车的租赁费用，我完全没有债务。

类似的说法是，虽然增加收入很重要，但降低劳动强度也同样重要。原因是，太多的人在赚钱的同时失去了他们真正的财富。他们在赚钱，但也在消耗他们的时间。

> **经验之谈**：你总是可以有办法赚到一美元，但你永远不可能赚到一分钟。

因此，作为隐含的意思，成为百万年薪咨询顾问的秘密是，你必须坚持更聪明地工作，而不是更努力地工作。成功的路径通常是这样的（自下而上阅读）：

- ▶ 预付费用
- ▶ 项目监督
- ▶ 项目实施
- ▶ 根据客户要求工作
- ▶ 分包商

最底层的分包商是在为别人的产品工作，你要听从产品发包人的决定和指挥，相当于你是这个人的雇员。我们中的许多人都不得不从这种方式开始赚钱——除非你多年后还在这样做，否则不用为此感到尴尬。在分包商之上的是根据客户的要求工作，通常是响应客户的需求说明书（Request for Proposal，RFP），交付满足客户说明书要求的结果。

在项目实施中，你与客户的内部人员一起协作，设计并执行一项计划。在项目监督中，你已经设计好了项目计划，其他人正在实施计划的内容，而你只是提供指导。最后，作为一名值得信赖的咨询顾问，客户给你预付费用，目的是为获得使用你"智慧"的机会，而不是为任何形式的待交付或现场交付的产品。

上述路径清单的最底部是高度战术性的工作，顶部是偏向高度战略性的。其关键是尽量减少劳动力，同时最大限度地提高费用。

从图1-2可以看出，减少劳动力的同时，想最大限度地增加服务费用，取决于你是否拥有强大的品牌。随着事业的发展，你应该逐步建立起自己的品牌，而最终的品牌就是你的名字。如果有人说"给我找个优秀的战略咨询顾问"时，你的名字被脱口而出，这很好。但如果有人说："给我找珍妮特·墨菲，她是这里最好的战略咨询顾问。"这就更好了。在后一种情况下，费用并不重要，劳动强度也无关紧要，因为人们追求的是结果，而不是最大限度地利用你的时间。（我们将在本书后面讨论更多有关品牌的内容。）

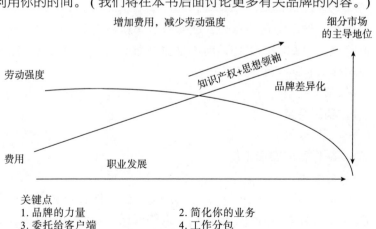

图1-2 百万年薪的力量

案例

惠普公司是我十年的客户。有一次，我的买家打来电话说："艾伦，我们需要完成一个项目，我知道你是最好的人选，不过有一点很重要，我们需要你在30天内得出结论。你愿意接手吗？"

我说："当然可以，我的服务费用是75 000美元，你现在支付，30天内就会收到我的建议报告。"

她问我什么时候能到加州的山景城投入工作，我是住在罗得岛的。"我不会出来的。"我说。

"你要一个月内完成公司这个项目，但是你从不来这里吗？"

"我可以通过电话、电子邮件和Skype来做这件事，我知道你也在向一个身在香港的你从未见过面的人汇报工作，对吧？现在让我开始工作吧。"

最终，我做到了。

无论你在咨询顾问行业是新手还是老手，都要时刻检验自己是否在减少劳动，而不仅仅是增加收入。可以从以下三个重要方面来检验：

1. 简化你的业务

我们经常做一些习以为常的事。我们发明了"销售六步法"，却从没有考虑是否可以通过三步来实现。循规蹈矩的工作并不总是合理的！永远不要向客户承诺分"十个专题小组"来讨论，你只需表明将进行专题小组讨论即可，因为你可能经过五个小组讨论后就会发现真正的模式是什么，所以不要"欠"客户另外五个小组讨论。25年前，当我意识到客户既不看报告也不需要报告时，我放弃了写报告，但咨询顾问们不断地提供报告，也是试图证明他们收费的合理性。

2. 将工作委托给客户

客户拥有重要的基础设施和资源。还记得本章前面提到的传授技能的力量吗？利用客户资源，获得买家的许可，让他们代替你做任何他们能做的事情。大多数咨询顾问甚至从未考虑过这一点，因为他们的费用与他们在现场花费的时间紧密相关。

3. 分包合同

找到那些比自己亲自做要便宜得多的人，让他们进行访谈、专题小组、观察、调研等工作。学院派培训师和引导师比比皆是，为什么？因为他们不能推销自己，或者说不能"造雨"，他们只能依靠帮助别人工作来获得收入。雇用他们的成本相对较低，这样也减少了你的劳动付出。（不要向他们推荐这本书。）

你应该从哪里开始

要想在这个行业取得成功，你需要满足三个条件：

- ▶ 激情，你必须热爱你的工作。
- ▶ 能力，你必须很擅长做你所做的工作。
- ▶ 市场需求，你必须能发现或创建客户需求。

假如你有激情和能力，但是没有市场需求，你有信息和内容没人会想听到。假如你有激情，有市场需求，但没有能力，你永远就只能是个失败者。假如你有市场需求，有能力，但没有激情，你最多就只是一个朝九晚五辛苦为自己工作的员工。

从本质上说，在咨询行业，事业之所以伟大，是建立在你做的事都是围绕着你喜欢做和你擅长做的事情上的。这不是一个连续的加法过程，而是一个剔除的过程。

案例

当你在佛罗伦萨学院美术馆亲眼看到米开朗基罗的大卫雕塑时，无论你做了多少心理准备，还是会被震撼到，因为他的细节和磅礴气势。

据未曾考证的坊间流传，米开朗基罗是用从别人那里买来的一块废弃大理石雕刻了大卫。当被问及他是如何从一块大理石上雕刻出这幅杰作时，他回答说："我只是把所有看起来不像大卫的东西刻掉了。"

去掉一切你不擅长或不喜欢的东西，你就会创造出你事业的艺术品。

首先，要陈述你的价值主张，你的服务对客户有什么意义。这是一个简短的陈述，说明通过你的服务后，客户是如何得到改善的，因此，陈述的应该是一个业务成果或由此产生的效果，而不是你做了什么或者交付了什么内容。以下是一些糟糕的价值主张的陈述例子：

- ▶ 我们提供领导力的培训课程。
- ▶ 我们帮助电销人员更好地利用他们的时间。
- ▶ 我们协助创建清晰的沟通机制。

以下是一些优秀的价值主张陈述：

- ▶ 我们缩短了成交时间，降低了销售成本。
- ▶ 我们将客户投诉转化为额外的销售。
- ▶ 我们减少了不必要的损耗。

请注意，这三个陈述显然都和基本业务的改进有关。你的价值主张只是你的箭头，使你能穿透那些达成销售的阻力。当有人说"你是怎么做到的"，这就是你开启销售对话的开场白。（如果有买家说"我不相信你能做到"，那就太好了，因为问题或反对意见是感兴趣的表现。冷漠则让你毫无机会。）

一旦有了自己的价值主张，你就可以准备寻找你的理想买家

了。首先,用一句话将你描述业务结果的价值主张写在这里:

_____
_____
_____
_____

你的理想买家是能够为你的价值主张付费的、有购买力的买家,他可能认为你的价值主张对他们很重要,至少会觉得很有吸引力。

在图 1-3 中,你可以看到一个三维的钟形曲线。在最左边,我们看到的是冷漠的人,他们对你的主张毫无兴趣,然后是假装感兴趣的人,中间指的是一些有意向的人,但他们也许是中立者,接着是持续关注者和顶尖人物 (Hang Tens,来自冲浪的术语,意思是那些冒着最大风险乘上最伟大旅程的人)。请注意,图中这些分类人群的深度是关键。换句话说,比起拥有成千上万的最左边甚至中间阵营的人群,拥有相对较少的最右边阵营的人群,让他们在你的邮件联系人列表里或者成为你的受众,这样产生的结果会更好。

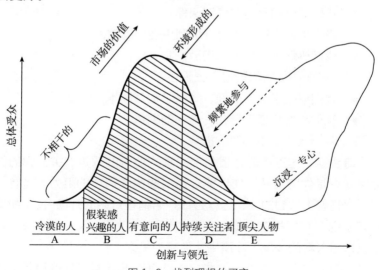

图 1-3 找到理想的买家

以每个名字几分钱的价格购买客户名单似乎很划算,但事实并非如此,原因有二:第一个原因是,不管名单是不是适合,推销电话不起作用;第二个原因是,从你的理想买家的角度来看,这样的名单从来都没有用。

在少数人持股的小型企业市场里,理想的买家可能是企业主。对于《财富》1000 强的客户来说,理想的买家可能是任何承担盈亏责任的人。更具体点说,如果你的价值主张是"我们改善产品交叉销售,增加销售规模",那么你的理想买家可能是销售副总裁。

根据前面你考虑的价值主张,在这里写下你的理想买家可能是谁,他的头衔或职位:

> **经验之谈**:你的时间和金钱是有限的,不要浪费时间去追求错误的买家或非买家。

请注意,人力资源实际上从来都不是买家,而是"保护"真正买家的看门人。我们将在本书后面讨论如何规避他们。

你的价值陈述反映了你的激情——你希望如何为他人做贡献!现在让我们看看你擅长什么。

● 注定伟大

我们要清楚地认识到:我们的发展和成功不是通过纠正缺点而实现的;我们的发展和成功是建立在自己的优势之上的。大多数的励志书都会先假定你在一些方面某种程度上有"缺陷",然后再提供补救工作。我不这样。我想提醒大家的是,我们都能同样利用现有的优势应对挑战和机遇,解决问题,从而获得最大的成功[1]。

为了做到这一点，要确定你的"最佳定位点"，在这里，你能始终坚持做你擅长的事情（相对于你的价值主张而言，这是你帮助他人的激情所在）。

在图1-4中，我示范了一个找出我的最佳定位点的示例，即精品咨询(Boutique Consulting)。我擅长帮助独立咨询顾问和小企业主提高他们的业绩，并极大地促进他们业务的发展。

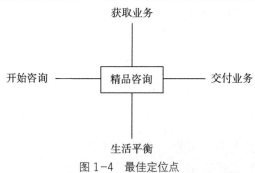

图1-4 最佳定位点

"辐射区"是围绕最佳定位点的相关因素或组成部分。你可以看到我选了四个，但也可能会更多或更少。如果我们把基于价值的收费作为一个单独的组成部分来考虑也可以，但我在这里将它放在获取业务里。没有所谓的"正确答案"，只要找出自己擅长的能力进行规划即可。

如果你最擅长的是"制定战略"（请注意，这些不一定是业务成果，而是你做得很好的事情），你的业务组成部分可能包括：

- ▶ 确立价值观
- ▶ 确定战略驱动力
- ▶ 预测竞争策略
- ▶ 将战略转化为责任

---

[1] 宾夕法尼亚大学的马丁·塞利格曼博士在积极心理学方面的研究是我认识的人中做得最好的。参见他的著作《学会乐观》(*Learned Optimism*, Simon & Schuster, 2011)。

花点时间简单勾勒出你的最佳定位点和四到六个组成部分。这些组成部分不是交付方式(例如,教练),而是要呈现出最佳定位点各个方面的内容:

最佳定位点:＿＿＿＿＿＿＿＿＿＿＿＿＿＿＿＿
组成部分:＿＿＿＿＿＿＿＿＿＿＿＿＿＿＿＿
组成部分:＿＿＿＿＿＿＿＿＿＿＿＿＿＿＿＿
组成部分:＿＿＿＿＿＿＿＿＿＿＿＿＿＿＿＿
组成部分:＿＿＿＿＿＿＿＿＿＿＿＿＿＿＿＿

最后需要考虑的一个重要问题是:什么样的知识产权(Intellectual Property,IP)支持这些组成部分?

回到我的最佳定位点,你会发现围绕这些组成部分的内容,我写了书、创建了研讨会、录制了音频、拍摄了可订阅的系列视频、做过演讲。如果你再看看那些行业的"思想领袖",比如马歇尔·戈德史密斯(Marshall Goldsmith)、塞斯·高汀(Seth Godin)、马库斯·白金汉(Marcus Buckingham)或者斯蒂文·柯维(Steven Covey),你会发现大家都是这么做的。

最佳定位点和组成部分将为你提供创建自己IP的方向,这将在他人眼中确立你的专业能力,我们已经确定,这是你成功推广品牌至关重要的三个方面之一(其他两个是富有激情和市场需求)。

经验之谈:IP本不存在,也不会凭空出来。它应该建立在你的能力和激情的基础上,以支持你的名字和品牌。

识别你的价值主张(围绕你的贡献,保持激情),找到你的理想买家(认可你发现或创造的需求,愿意为你的激情投资的人),确定你的最佳定位点(你想做并且擅长做的事,能给你带来巨大的满足感),是你成功发展个人咨询业务或精品咨询公司的核心。太多的人贸然进入咨询行业,好像他们不用考虑自己的价值、目标受众或想要的满足感,就可以简单地"帮助"到别人似的。

大量研究及我的经验都可以证明,最能驱动人们工作的动机是一种满足感,这种满足感源于对他们在工作中运用自身才能所取得成果的认可。(我们都知道,动机是内在的,来自内心,我们不能代替他人寻找动机。)

那么,为什么我们给了客户这样的建议,而自己却不这么做呢?如果我们想成功地帮助别人,我们必须先帮助自己。

> **氧气面罩规则**:在试图帮助他人之前,先把自己的氧气面罩戴上。这个原则也适用于咨询业及其他任何职业:在真正助人之前,你必须先助己。

现在,我们对自己是谁,应该做什么已经有了一个基本认识。接下来,我们要寻找一些积极的方法,来启动、保持和快速发展这项事业。

第 2 章

你建好了,他们就会来

> 但前提是你要让他们知道你已经建立了它!

市场营销是科学和艺术地去创造需求。你可以主动联系别人去创造需求,但吸引他们主动来找你,效果要好得多。当你敲别人的门时,你必须证明你为什么想要进去,当人们来敲你的门时,他们会很乐意付入场费。

创造市场引力

咨询顾问(及其他领域的专业服务人员)经常会犯这样的错误,认为他们必须主动联系别人去推荐自己,或者认为自己对某个行业太陌生了,不希望这个行业的人来找他。

这两种想法都是错误的。

电影《梦幻之地》中的箴言"你建好了,他们就会来"也是错误的,因为如果人们不知道你建造了什么,他们就不会来。因此,有效的做法是"构建好你想做的,并告诉大家你已经建好了它,他们就会来了"。

我把这种方法称为创造市场引力。其理念是创造一种吸引力,引起你的理想买家的兴趣,然后主动来找你。当买家是因为他们听说过你,并且对你的价值感兴趣(这点很重要)而找到你时,他们很少会调查可信度或询问费用。他们最基本的问题是，"我有这个问题，你如何帮助我？"

正如你在图 2-1 中看到的，挖掘和创建市场引力的机会很多，图中列的方式没有什么特别的顺序，我从 12 点的位置开始介绍：

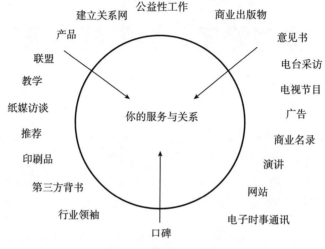

图 2-1　创造市场引力

- **公益性工作**。找到一家知名度高的慈善机构，免费提供你的服务（例如，如果你是招募人才的专家，那就提供招募志愿者的服务）。确保你能见到董事会成员以及主要捐助者，他们很可能是你的买家或推荐人（推荐来源）。

- **商业出版物**。为时事新闻、报纸、杂志等媒体撰写文章。针对你的理想客户，要弄清楚他们都读些什么书，或者他们所属的协会出版了什么刊物。当然，令人印象最深刻的商业出版物应该是由大型出版商出版的图书。

- **电台和电视采访**。从当地的广播谈话节目和有线电视节目开始，一直到各网络公司、联播的节目，写信给节目制作人（不是给主持人也不是给有能力的人），告诉他们你的节目对观众有什么好处。

- **广告**。虽然对于我们的职业来说，这种方法通常不会有什么直接效果，但在艺术工作、慈善工作和其他筹款组织工作中很有用，这些地方可以让你接触更多"有影响力的大佬"。
- **商业名录**。确保你的业务可以在谷歌，在本地的电话簿，或者在专业协会名单的合适位置上找到。
- **演讲**。争取作为行业协会执行董事在即将召开的行业会议上发言。如果你所在的城市有访问会议或行业例会，需要本地演讲者或要找人代替不能到场的外地演讲者时，与执行董事见面沟通，让自己成为备选资源。
- **网站**。你的网站不是一个销售工具，但网站可以为那些认识你或听说过你，并想要一些背景资料的人提供一个信誉证明。要确保你的网站上有你的确切地址 (万一有些人想给你寄支票呢！)，以及视频资料和典型的客户成果或案例研究。
- **口碑**。让你的客户和同事了解你所能提供的全部价值，以及你所从事的项目类型，然后通过他们来进行病毒式营销。
- **行业领袖**。如果你在一个专业协会中担任重要角色，你会发现你有很多机会，被推荐，被采访，被咨询关于行业内最佳实践和发展趋势的问题。
- **第三方背书**。想办法把你的客户和潜在客户通过某种方式联系在一起，无论是在现实场景中还是在虚拟世界里。
- **印刷品**。这些信息不同于每天都会附带出现的电子信息，有时会在人群中脱颖而出。
- **推荐**。这是市场引力最深刻和最高质量的体现，因为一个人认可你才会向另一个同行推荐你，他的推荐里包含了所有对你的认可和信任。
- **纸媒访谈**。让自己的观点在专业领域中被认可、引用。你可以通过类似 Expert-Click.com 这样的网站来做这些。
- **教学**。著名的咨询顾问埃德加·沙因 (Edgar Schein) 写道：

"如果你想真正理解某件事，试着去讲授它。"尝试联络一下当地的大学，申请作为客座讲师或兼职教授偶尔去讲讲课。

- **联盟**。有时会出现一些和你没有竞争关系但能互补技能的人，你们建立联盟，可能会产生 1 + 1 = 120 的效果。一个小型企业战略专家和一个理财顾问的联盟就是一个例子，他们的合作把企业和家庭的需要结合起来了。
- **产品**。制作一些附加值产品，可以提升你的品牌并带来额外收入，包括制作可订阅的资料、视频、手册等。
- **建立关系网**。如果不是在行业公认的地方（如行业协会会议），而是在合适的人聚集的地方（如募捐者），这种方法尤其有效。关键是要借助机会争取与合适的人见面，开始建立关系，千万不要试图在鸡尾酒会上推销自己。

所有这些重要方式中，推荐、网站和演讲最有可能在短期内带来业务，让你快速拥有一定的现金流。

> **经验之谈**：有些市场引力是被动的（商业名录），有些是主动的（推荐）。关键是要不断审视，寻找你的市场引力最有效的组成方式并加以利用。

记住这些数字：
- 如果你平均每周会见两个有购买力的买家，那么一年就是 100 个潜在客户。
- 如果有一半的潜在客户对你的内容非常感兴趣，你就有 50 个高质量的潜在客户。
- 如果其中有一半的人同意看一下方案，那要提交 25 个建议书。
- 如果你的建议书有一半会被接受（以后你会发现应该是 80%），那么你就有 12 笔业务了。
- 如果你的平均销售额是 5 万美元，那么你的年销售额是 60

万美元。如果是 10 万美元,那你一年就有 120 万美元的收入。

你明白我为什么说"记住这些数字"了吗?这些都是由市场引力产生的。

加速曲线

我开发了"百万年薪咨询顾问®加速曲线"(见图 2-2)来帮助你理解市场引力作用的结果。不过,只是吸引买家来找你是没有用的,除非他们能转化为客户或委托人。

基本上,纵轴是减少进入(找到你,了解你,欣赏你的价值)的壁垒(或阻碍)。横轴代表的是增加价值和费用,同时减少劳动力的付出(我知道这听起来似乎不合理,不过请耐心听我说)。因此,当你沿着曲线向右移动时,你提供服务的价值会增加,和客户的亲密度会增加,你付出的劳动力会减少,但进入的门槛会更高(价格、承诺、时间)。在左边,人们可以很容易地知道你(免费下载、博客、便宜的小册子),并"沿着"加速曲线走向更复杂的关系。

曲线上存在"反弹因素",推动人们走得更快、更远。读过这本书的人可能会决定上我的百万年薪咨询顾问®学院,让自己一直处在最右边的"金库"位置。

如果没有反弹因素,你的品牌的力量和信任的不断建立将推动人们沿着曲线向下移动。在最右边到达你的"金库",这意味着你提供的产品服务是独特的(在 12 号位置上,你可能会提供比别人更高价值的服务,比如战略咨询,但你的"金库"指的是,你提供的是独一无二的"6 小时战略"咨询)。

空降生意是从买家一开始就直接进入曲线右侧的业务,不需要走下降曲线。

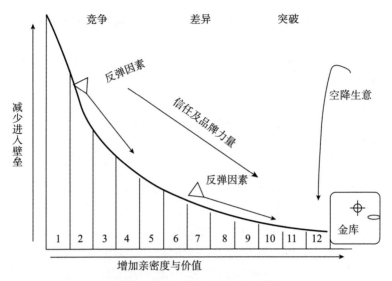

图 2-2　百万年薪咨询顾问加速曲线

这是由强大的口碑（参见图 2-1）、推荐、演讲等方式带来的效果。你的信誉和价值如此强烈地被认可，因此任何的"试水"行为都显得完全没有必要，甚至是不可取的。

现在也好将来也罢，理想的做法是，花点时间给你的产品做个规划，在曲线的左边、中间和右边创造三个有价值的产品，并在你的"金库"中创建两个有价值的产品。图的左边通常代表有竞争性的产品，中间指的是有差异的产品，右边是指突破性产品，最后"金库"里的是独特产品。

在这一点上，你需要强调或创造什么？

左边：

1: _____

2: _____

3: _____

中间：

1: _____

2: _____
3: _____
右边：
1: _____
2: _____
3: _____
金库：
1: _____
2: _____

除非你有意识地、主动地在曲线的点上准备相应产品，否则产品的分类不会产生。你可能会发现自己的精力被压在了左侧，没有更高层次的产品来吸引客户，从而牺牲了收入。或者你发现自己倾向于处在右边，为客户提供一些重要的产品，但却没有左侧的"供给"机制来吸引人们。

> **经验之谈**：加速曲线不会自动出现，你必须有意识地计划和不断地检视调整，让你变得更成功。

请注意，类似的交付服务可能会处在曲线上的不同位置。例如，"辅导"作为左侧产品交付的话，通常会通过远程电话实施；在中间，可能是进行定期的会议和反馈；在右边，则是密切跟进，提供评估会议和评论报告。这些都是辅导，但不同的辅导方式，对客户的价值却有很大的不同。

案例

许多年前，我为艾尔建工作，负责培训各阶层的经理。因为大家对我的帮助赞不绝口，他们提出要我做 CEO 的教练。我提出收取的费用是原来的五倍。

"这怎么可能？"他们问道，"这些年来，我们请来的每一位像你这样级别的教练，收取的费用甚至比你

> 现在收的为中层管理者服务的费用还低。"
>
> "首先，"我说，"CEO 改进的影响将是所有中层管理人员改进效果加起来的 20 倍。其次，你为什么不告诉 CEO，你不会为他的教练辅导付出比中层管理人员更多的代价？"
>
> 那天下午他们按我的条件签了合同。

我想解释的是，对你的信任（信任关系）加上你的品牌力量创造了曲线的移动——加速。让我们来看看建立、培养、保持你的品牌力量，并从中获得收益的过程。

卓越的品牌

从认知上讲，品牌是统一的价值体现。人们去麦当劳不是为了闲逛，他们根据品牌事先就做出购买决定，因为他们知道自己在那里会找到在所有麦当劳都会有的同样的体验（即使是在全球范围内，也只有微小的文化差异）。奔驰代表着某种身份地位，布里奥尼西服或宝格丽手表也同样如此。

从内心和情感上讲，品牌是当你不在身边时人们对你的看法。这是一个抽象的概念，就像为什么寻求战略帮助的高管们会本能地说，"给我找麦肯锡(McKinsey)"；在现代，需要城市交通工具的人们会说，"让我们用优步(Uber)吧。"

品牌塑造要建立在我们前面讨论过的三个要素上：激情、能力和市场需求，将这三个要素融合起来创造你的品牌。在图 2-3 中可以看到详细的过程。首先通过这三个组成部分确立你的业务定位（例如，"现代战略"），然后建立你的品牌[①]（例如，"六小

[①] 记住，最终的品牌是你的名字。

时战略"或"战略冲刺"），接着将这些植入到你的市场引力的建立中。吸引客户，满足他们的需求，这样就创造了更多的市场需求。

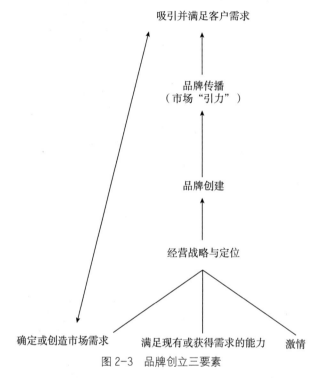

图 2-3　品牌创立三要素

三个步骤创建你的一个或多个品牌（图 2-4）：

(1) 品牌创立。这是你努力的第一步，选择你的品牌，匹配你的定位，并分析它的有效性。我的一个客户专门指导高科技医疗公司的改进，我们为她创建了"生命线"这个品牌。

(2) 品牌建设："一旦你创建了品牌，要告诉市场你建立了什么，相应的客户就会来。"制作印刷品、电子化的产品，通过病毒式营销，不断传播强化品牌。不要以一个通识性的简单概念作为标题，如战略优势，我们可以称之为珍妮特·博伊德 (Janet Boyd) 的战略优势，或者战略冲刺优势。

图 2-4　品牌金字塔

(3) 品牌资产代表了你的品牌吸引力（当你不在的时候人们会怎么想），力量大意味着价值巨大。强大的品牌本身就创造了巨大的价值，包括文中提及的谷歌、苹果、可口可乐和耐克。（注意，强大的品牌还有这样的价值，虽然法拉利对钟表一无所知，但你会发现法拉利手表，法拉利把自己的品牌名称租给了手表制造商，这些制造商只要使用这个名字就能获得更多利润。）

> **经验之谈**：创立、完善或放弃品牌永远不会太早或太晚，要始终监控其有效性。

为了说明三个关键市场要素有效结合对你的品牌成功的重要性，请思考如图 2-5 所示的关系图。

三个因素中只有两个显然是不够的。关键的结论是：品牌拥有的市场引力能更容易吸引人们来找你，当人们敲你的门时，信任是前提，费用自然由你说了算。

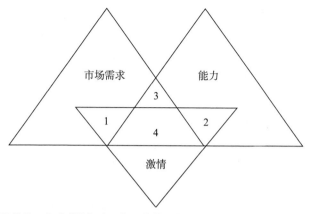

1. 品牌是一个聪明的概念，但不能传递实质内容；
2. 适合你的品牌，不一定适合市场；
3. 品牌有潜在效果，但得不到支持；
4. 品牌产生奇效。

图 2-5 影响品牌的三个关键要素

一个品牌，无论是一个短语，一个词组，还是你的名字，都是告诉人们"你已经建立了你的价值"，他们可以来找你。

> **提示**：在我们继续之前提示一下，如果你正在建立一个独立的公司，它每年会为你带来现金，但显然不会被出售，因为公司只有你一个人，那就努力让你的名字成为品牌。但是，如果你正在建立一家精品公司，你每年都要进行再投资，这样有朝一日你可以卖掉它，那就要将企业打造出品牌，品牌的价值并不依赖于你的存在而存在，这样的品牌资产对购买者来说才是有价值的。

统一场论

才华横溢的数学家、博学大师斯蒂芬·霍金(Stephen Hawking)

长期以来一直致力于寻找宇宙的统一场论。也就是说，寻找一套规则和法则，可以协调一致地解释有关宇宙的所有已知事实，既不自相矛盾，又能自我强化。爱因斯坦当年没有实现这个目标。

霍金也没能找到。

不过，我可以在这本书前几章的基础上向你展示一个关于成功咨询的统一场论。我讲这些是为了让你避免我们许多人犯过的错误（或者至少纠正它们），因为他们不明白咨询服务和市场营销是如何"结合在一起"，形成一个令人信服的对外宣传的说明。

(1) 起点就是你的价值主张（参见第1章中的"你应该从哪里开始"），你要表达你对帮助客户改善他们状况的热情。

(2) 接下来一步是找到你的最佳定位点（图1-4），这一步你要确定你擅长做什么，以及列明围绕擅长点的几个关键部分。

(3) 在前面两个因素的基础上，抛掉所有不相关的部分，创造你的大卫，你事业的艺术品。

(4) 根据你的价值和能力找到你的理想买家（图1-3）。记住质量比数量更重要。

(5) 利用市场引力（如图2-1所示），通过你擅长的也适合他们的方式吸引买家找你。

(6) 利用你的加速曲线（如图2-2所示），通过品牌力量、信任度和"反弹因素"的作用，将业务移动到你的"金库"位置，从而为你带来高费用、低劳动强度和高亲密度的客情关系。

我不是把自己置于爱因斯坦和霍金之上，事实正好相反。我想证明的是——成功的咨询并不是很高深的事，这里没有什么未知的宇宙奥秘。那么，为什么人们不遵循卓越咨询的简单原则，加快自己的职业生涯发展呢？

> **经验之谈：** 步骤很简单，但是我们总是分心。

我的白色德国牧羊犬宾利(Bentley)经常会跑过院子去追赶一只松鼠，跑着跑着，它会停下来抓挠一阵，接着看看被风吹动的树叶,然后找个地方小便,之后又去追赶另一只松鼠——这一切都发生在 60 秒之内。它有时也会追逐着去抓住飞盘,然后嘴里叼着飞盘,一边闲逛一边看着另一个院子里的狗。

众所周知,狗很容易分心,但咨询顾问们似乎也是如此。伟大的喜剧演员史蒂文·赖特 (Steven Wright) 曾说过:"我也想做白日梦,但总是走神。"

> **案例**
>
> 珍妮打电话给我,问我如何处理一个小型创业公司的潜在需求。公司老板是一对夫妻,他们的年销售额为 200 万美元,有 12 名员工,他们担心把太多精力放在送货上,而对市场营销投入不足。
>
> "我该收多少钱?"她问道,"你认为我需要投入多少时间?他们只能花 1.2 万美元,而且不能一次性支付。"
>
> "珍妮,"我问道,"你为《财富》1000 强公司提供咨询服务时,收费一般是 75 000 美元到 125 000 美元,你为什么还要考虑这个项目?"
>
> "这个钱很容易赚,"她说,"他们离我家只有一个小时的路程。"
>
> "你不需要钱,这个项目也不属于你的专业领域,你会被很多问题淹没。放弃它,如果你不放弃,也不要打电话给我,因为我不会帮你做疯狂的项目。"

我每个月都会接到这样的电话。我正在培训的一位客户,他通常在大型跨国公司从事领导力方面的工作,但他对业绩表现好的小型律师事务所有一种近乎致命的嗜好,喜欢受聘于那些遇到人事问题的小型律师事务所。前两次受聘,他被解雇了一次,自己走人一次。第三次我拒绝再和他谈这件事,但我打赌他还在做。他每年赚一百多万美元,但他给那些完全不合适的客户徒增悲伤。

我们都有一个倾向，嘴里不断大喊着"松鼠！松鼠！"实际却往松鼠的反方向全速奔跑。我们看到"桌上有钱"，就觉得应该把它收入囊中。然而，这与统一场论完全不一致，事实上，这样会减缓我们利润增长的进程。

我们分心，没有坚持我们应坚持的原则的原因是：

- 我们往往认为"容易赚的钱"总是"安全的钱"，但其实很少是这样。项目越小，客户的要求就越高；越是严苛的付费，越是强调给你的有限费用要产生巨大的投资回报。
- 我们认为这个项目很容易。现实是这种情况很少。这些买家常常是在寻找一种"灵丹妙药"，这就带来两种不可能的期待：
  (1) 你应该迅速而彻底地解决一个棘手的问题。
  (2) 你应该证明客户之前的工作和方法没有错，即使它们确实有问题。
- 我们担心再也签不到其他业务了。我在本书后面会讲到更多关于自尊的内容，但是让我们在这里先确定一下，很多咨询顾问都存在"骗子综合征"的糟糕情况，他们害怕在不久将来的某一天自己会被"抓住"，所以，如果你一直在"装模作样"，你就需要在别人判定你没有真正做到之前尽可能多地赚钱。
- 我们看到别人做一些似乎也适合自己做的事情。（"如果他能做到，我也能做到！"）但是，这与你真正热爱并擅长的事情并不相同。有些人通过制造微型的电脑芯片赚大钱，也有人卖石榴冰激凌赚大钱，但这并不意味着你可以像他们那样赚钱。

因此，我不只是提倡一种循序渐进、连贯一致的方法来对待价值、客户和产品，我是在劝告你利用这一原则，保持你在正确的轨道上。你看到的"松鼠"与你的生活几乎没有关系，也不大可能抓到，而且就算抓到了，味道真的很糟糕。（有人曾说过，猎狐追求的是不可言表的食物之外的感觉。）

对于那些刚刚进入这个行业的人来说，这一章包含了一个非常好的方法，可以让你立刻变得专注，并极大地提高你快速成功的概率。对于刚入行的有能力和经验的人，你们有机会大幅度调整努力的方向，从而获得成功，创造更多的成就感。

要善待他人，你也必须快乐、友善，因为这是最根本的商业关系。

插曲 1
客户和潜在客户的相互关系

我们倾向于用行业或类别来描述我们的客户。就像当我问他们理想的买家是谁时，他们会告诉我"通用电气""公用事业"或者国防承包商们，这些不是买家，只是建筑实体、空架子。

经济的买家应该是一个人，他有能力为你的价值开支票支付而无需其他人的同意。当一个潜在的买家对你说："我觉得只要我老板同意，我们就可以继续下去。"那么，你不是在和一个经济的买家说话，你只是在和一个可行性研究者说话。几乎所有人力资源或培训发展部的人都是可行性研究者——他们没有自己的预算，他们只是中间人和看门人。

因此，你的理想买家可能是在一家大公司里工作并承担相应盈亏责任的人，也可能是非营利组织的执行董事，或者是一家小公司的老板。这些人的需求可以被发现、创造和解决。

你的现有买家（"客户"）和潜在买家（"准客户"）之间也存在着深刻的差异。前者了解你，喜爱你，而后者通常很少或根本不知道你是谁。即使他们知道，甚至你的品牌和声誉也打动了他们，但他们仍然与你没有情感上的联系。这是一个重要区别，因为逻辑帮助人们思考，但情感促使人们行动。

两个不同阵营

我们经常犯移情的错误：认为我们与客户的互动会延展到我们与潜在客户的交往上。

事实上，这事很少会自动发生。

图Ⅰ-1显示我们和买家之间有三种动态关系。我们可能有一种产品（有形产品，如电脑或书籍）、一项服务（无形产品，如保险或咨询）、一种关系（信任感，如信赖、秘密、安全和自我需求）。苹果生产了伟大的产品，提供了优质的服务（通过苹果的天才吧），在该领域拥有最好的技术，并建立了一种很酷的互动关系。没有人非要把宾利车作为交通工具，人们购买它是为了满足自我的需求，为了彰显自己的地位，为了确保使用的车辆其安全和机械系统能做到最好。

	有竞争力	差异化的	突破性的
产品			
服务			
关系			

图Ⅰ-1 客户动态

在困难时期，仅有强大的产品关系（图Ⅰ-1中的突破性产品）是不够的。突破性的关系能创造一种类似于无罪推定般的信任，然而，大多数美国航空公司从来没有得到这种无罪推定的信任，因为他们没有建立牢固的客户关系[①]。在经济困难时期，人们很容

[①] 今天，会员和航空俱乐部的权益已成为商品。在过去，像泛美这样的航空公司只有受邀才能提供这些便利设施和服务，那时，这是一种特权。今天，这被认定为一种权利。

易放弃常规的可替代产品和品牌,除非有很强的关系才会带来他们对产品和品牌的坚持。当你的宾利车有个轮胎漏气瘪了时,你耸耸肩,打电话给宾利的道路救援,知道他们很快会处理好。当一家美国航空公司取消航班时,乘客们会认为这是航空公司因为乘客太少了使出的阴谋。有线电视公司、保险公司、银行还有其他很多公司,经常在产品和服务上花费大量的金钱,却任由他们的客户关系变得很糟糕。

对于你现有的经济客户,你应该一直努力寻求建立一种突破性关系。其特点是:

- 你和买方及时互透对项目成功有重大影响的信息(例如,得知竞争对手正在挖角某位关键人物,或董事会正在考虑剥离资产)。
- 买家在关键决策上征求你的意见并采纳你的建议。
- 杜绝那些感到项目危机的人(通常是你,所以自己要克服)对项目的抱怨。
- 彼此都能很灵活地调整课程,以便更好利用机会和更好地利用时间及专业知识。

现在的问题是:我们如何将这种良好的互动关系传递给潜在的买家?

创造交叉点

我们如何分享爱?我们如何在全新的潜在客户中建立与长期客户相同的信任关系?渗透不起作用,但幸运的是,有些方法、技术可以。

- 创建"布道者"。鼓励客户(无论是买家还是非买家)传播信息。找到那些最支持你的项目,发起了新项目,并认为项目取得了成功的人,和他们成为朋友,把这些人列一份特别的名单。

- 提供机会。邀请"布道者"参加你举办的活动，请他们合作出版刊物，在你的书中提及他们，邀请他们参加你的演讲，并为你的潜在客户创造参与的机会。
- 不要羞于使用推荐感言、参考资料和案例研究。视频令人印象非常深刻，可以用手机录制一段，客户并不需要很专业的视频。获得使用案例里客户名称的许可，建立一个你不经常使用的"白金参考"列表(为了不惹恼列表上的人)。不过，对非常有潜力的客户，要谨慎使用此表。这些推荐感言应该出现在你的网站、博客、即时通讯、电子邮件签名文件、你的对话、演讲等中。相比你自己的评论，人们更容易、更迅速地对同类人的评论留下深刻印象。你需要做一个让舞者和谐相处的编舞。

案例

我在新泽西州普林斯顿的一家咨询公司工作的头几周，作为入职培训的一部分，我被派往公司的客户佛罗里达电力照明公司参加他们的一个培训的毕业典礼。

活动中，几名同事向聚集在一起的高级经理们讲述了咨询公司的优秀方法，现有培训模式下取得的工作成果，以及下一步扩大培训力度的激动人心的计划。当晚在场的几位经理问咨询团队成员，是否可以讨论一下自己部门近期参与培训的情况。

"这就像是在一边收钱一边做销售。"咨询团队的一位负责人说。

快速转换

当你第一次与真正的经济买家见面时，可以通过以下方法加速建立类似你和现有买家之间的这种积极、信任的关系。

- 创造点对点的互动机会。不要表现得像个乞求者，也不要奉承。
- 永远记住，你的存在是为了提供价值，而不是"索取"任何东西。你不是在追求金钱意义上的"销售"，而是在平等交易，在对方获得显著改善和自身收取合理酬劳的意义上"提供"服务。
- 判断对方的速度。我说的不是个性特点，这出了名的无效（人太复杂了，不可能被简单贴上"绿色""低智商"或"傻瓜"之类的标签）。如果买家想进展快点（"你能为我做什么"），你就得快；如果买家想慢慢来（"介绍一下你的情况"），那你就慢慢来。
- 引导对话。还记得游乐园里孩子们玩的游船吗？看起来船是可以操纵的，但实际上它们是由水流引导，并靠附近的墙保持方向，因此，它们总是会到达预定的目的地。你与买家的对话应该是一样的，允许有曲折，但始终要根据现状保持你的方向，以建立信任、达成共识和提供建议为目标。
- 展示自信。你必须表现得坚定和自信，让对方相信你是强大和有能力的。你可以大胆地说：

    "我知道我能帮你。"
    "你和我正好在合适的时间见面。"
    "我有更好的方法来解决这个问题，比你过去尝试的方法要好。"
    "让我来建议一下我们如何才能更好地合作。"

- 在适当的时候反驳。你不能看上去似乎很想"追逐金钱"，或者说不能太轻易同意对方的意见。买家花时间跟你谈是有原因的，因为他或她有一个需求（至少是一个"想法"）没有得到满足，他们猜测你可能有答案。然而，买方的疑虑很少能在你的合作方案中消除（否则问题早就解决了）。因此，从逻辑上讲，需要有人提出买方的想法不是最好的，他或她的评价是无效的，他或她的假设不是基于经验数据的。

这些是对话的方式，你开始把买家带入你的现实和规范的行为框架中。你们开始建立信任，那些与你共过事的人会发现这种信任绝对是一个重要的资产，不过，不管他们怎么赞誉、推荐和认可，你仍然需要说服你面前的人！

潜在客户

大多数情况下，把你现有的买家也看作一个潜在客户很重要。和他们建立可信度的挑战不在于说服买家你可以帮助他们——想必你已经证明了这一点，而是在于说服买家你在其他方面或领域也可以提供帮助。

> **案例**
>
> 我是全国演讲家协会名人堂成员，只有不到百分之一的专业演讲家才有这个荣誉。我很有名，从我的收入来看，我也很受欢迎。显而易见，我也是个非常成功的咨询顾问，所以你才会读这本书。
>
> 我已经为一家大型人寿保险公司的首席执行官工作了大约6个月，当时，他找到我，让我给他找一个好的演讲者！他告诉我，他是美国人寿保险委员会(American Council of Life Insurance)的项目组成员，他们需要一个主题演讲者，为其250个参加年会的保险业的首席执行官和首席运营官演讲。
>
> "迈克，"我说，"我就是你要找的人！"
>
> "艾伦，"他回答，"这事很重要，我需要一个专业做这个的人。"
>
> 显然，问题就在于迈克只知道我是一个组织发展顾问，他没有深入了解我的背景。我不得不把我的优势再传递给他，结果是，我成了那个主题演讲者，还获得了大量的新业务。

正如我前面提到的，我告诉我教练社区的人，他们平均每周需要见两个买家，这只是一个平均值，如果你想追求更好的财富结果，这只是个基本数。这意味着，如果你在一场活动中与十几个买家交流，相当于你完成了六周的客户积累工作。

现在请告诉我：谁更有可能继续下一步进行合作——新买家还是现有买家？答案显而易见。

所以我要告诉你的是，如果你把你现有的买家也看作潜在客户，如果你尽可能地把他们也囊括到你每周要交流的两个潜在客户里，你将会显著提高新业务的数据。一切都在数字中。

因为我们没有把已有的客户同样视为潜在客户，只把他们当作"过去"的客户，所以，我们经常错过这条简单、直接、清晰的提升业务的途径，这既可笑又危险。如果迈克没有来找我，我永远也不会有那笔新生意。但如果我一开始就表现出我的能力，我就保证他会主动来找我做这项工作。我不应该指望他知道我有这个能力，你也不应该指望运气、命运或者你的魅力。

把你所有的客户都纳入你的潜在客户里，并相应地对待他们，要知道你不必与他们重建信任，重被认可，这才是你真正的潜在客户，因为延续了前面的关系，你不需要再创造与他们相交的机会。

买方的生命周期

无论你找到哪个喜欢的市场或理想的买家，当你成功地达成合作协议时，都会有两次销售结果。第一次是当协议签署后你收到支票的时候；第二次是当你从这个客户那里获得转介绍或者重复采购的时候。

咨询顾问往往会忽视或者忘记第二次销售，从而错失了自己一半的获取业务的机会。

所有的客户关系都会结束。我与默克公司合作了12年，与惠普合作了 10 年，我觉得这已经是非常难得的。但直到今天，我还在与那些早期合作的公司，或者通过公司关系认识的人一起工作。以下是你必须预想到的场景，特别是考虑到你的客户也是你现在的潜在客户时：

（1）买家可能会出现退休、找到新工作、晋升、因为能力不够而离职，诸如此类情况。在你服务期间，你应该会见买家的同事、下属和其他相关人员，和他们建立关系。这样，只有当接替者来自公司外部时，你才会处于劣势。

（2）跟随你的买家到同一组织的新职位或者新的公司。我和一些买家合作了四次组织变革，他们都经历几次的职业变化。为什么你的"智慧"不能超越组织的界限呢？

（3）努力创建转介绍业务。至少每两个月要请求推荐一次，不管是推荐给公司内部还是外部。如果可能的话，可以通过姓名询问（"我很想被介绍给简·琼斯"）或者通过头衔询问（"我能见见你们在亚洲的同行吗"）。

（4）随着你服务年限的增加，与时俱进地更新你的推荐感言、案例研究和经历的故事。正如我之前提到的，视频尤其重要。

（5）如果你的买家被组织外的人取代，主动"汇报"，让新接替的人快速了解项目及其发展轨迹。

（6）永远不要停止寻找新的准客户。每年，保持 80% 的重复业务和 20% 的新业务的比例是相当不错的。这代表注入"新鲜血液"的同时，业务保持了很好的连续性。

（7）创建和培养你的"布道者"团队。这些人可能并不都是买家，但他们是在公共场合为你唱赞歌的人，帮助你树立"品牌"。记住：品牌代表你不在场时人们对你的看法，排除所有你在场要考虑的因素。

图 I-2 显示了一个简单的示意图，用于梳理你应该接触并将其发展为潜在业务来源的各种人。你可以看到"现有"和"新"业务之间的界限是如何变得模糊的，因为组织是多样化的，可以在很多方面容纳你的才能。

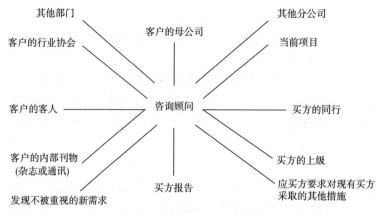

图Ⅰ-2 与客户的"接触点"

总之,你的客户和你的潜在客户可能完全不同,也可能大致相同。正如一个潜在客户可以成为客户一样,客户也是一个潜在客户。一旦你能够接受这种相互融合的观念,你就会发现自己处于一个更强大的位置来建立和维持你的业务。

第 3 章

业务关系

> 学习如何推销自己

房地产经纪人、保险业务员、汽车销售员——他们都高度重视人际关系的维系,毕竟,他们服务的是有个性化需求的个人,他们的未来很大程度上取决于满意客户的推荐。

不过,他们只是在销售一种产品或服务,你是在销售你自己。

我的第一本书《创新公式》(1988年出版)的合著者对我说:"你知道,除了你自己,你什么都卖不出去,但你真的很擅长这个。"

——迈克·罗伯特

建立信任的关键

信任是对他人的可靠性、真实性、可信度的肯定,是建立关系、获得概念性协议(在本章后面讨论)和遇事首先相信的关键点。这在任何时候,对新咨询顾问、资深咨询顾问以及任何试图影响他人的人来说都是至关重要的。

我们不会主动相信别人,也不会自动地获得别人的信任。我们不是怀疑论者,也不是愤世嫉俗的人,但我们也没有理由随意去信任一个陌生人,更不用说,陌生人是找我要钱了!如果简单地认为，我先相信别人，然后幻想着别人也会像你一样相信你，那就太天真了。(这就是为什么电话营销比面对面营销要难，因为前者省略了手势和肢体语言的交流，这是人际关系中有效沟通的关键组成部分。电话推销人员只能快速地用你的名字和一个"温柔的"问题来弥补："你好，艾伦，今天过得怎么样？")

信任的原因是你要从买家那里获得真实的信息，从而了解你需要做什么才能帮助他们满足需求，能设计一个有效解决这些需求的建议书。如果我不信任你，我就不会跟你说任何重要的事情。如果你不相信我，我说的话你一个字也不会信。我曾经听人评论过一个非常不择手段的经理，"他向人打招呼时就开始撒谎。"

获取业务的流程如下：

项目启动

接受建议

概念性协议

需求识别

问题的讨论

建立信任关系

确定真实买家

初次见面

引流

你需要与非买家之间有足够的信任，才能引导联系到真正的买家，你也需要对真正的买家有大量的信任，才能开始讨论问题。

你可能不得不"反击"别人说的话。如果一个买家说，"支付更多的钱很容易就解决激励问题。"你需要说，"如果你给一个不快乐的员工更多的钱，你只是创造了一个更富有的不快乐的员工。"你需要买家说，"告诉我更多"，而不是，"我根本不同意。"如果买家信任你，就会寻求更多的建议。

建议书的核心是就目标(结果)、指标(成功的衡量标准)和价值(投资回报率)与买家达成概念性的协议。没有人会和自己不信任的人分享这些细节。

> **经验之谈**：每个企业目标的背后都有个人目标。要找到它们，你必须建立信任关系。

除了解决业务问题外，还能满足买家的个人目标时，这份建议书是最有效的。例如，期望部门间能更多合作的愿望可能意味着买方厌倦了浪费时间在给各争议部门充当裁判。你怎么知道呢？只有买家相信你的判断和建议才会提供给你。

如图3-1所示，信任可以从推荐、专业资质、合作和尊重开始，但是，真实的、持续的信任是建立在情感联系上的。你要真诚地相信，对方会把你的最大利益放在心上，他不会试图卖给你最昂贵的方案，也不会试图从你的损失中获利。他在努力帮你实现你的目标，只有你成功了，他才会成功。这就是情感联系。

图3-1　信任金字塔

信任是怎么体现的？你怎么知道有可能继续进行下面实质性的对话？这很重要。因为太多的咨询顾问一坐下来就开始陈述具体内容，或者呈现一份清单列表，或者哆哆嗦嗦地开始展示幻灯片。

信任的表现有：
- 买家不允许电话、电子邮件或进入会议室的人打扰你们的谈话。
- 买家会与你进行目光交流。
- 买家会用幽默的谈话方式，气氛不沉闷。
- 你会被问问题，以寻求你的建议。（"你见过像我们这样没有首席营销官的公司吗？"）
- 告诉你没有问过的事情。（"这是内部秘密，我们想裁掉人力资源部。"）
- 你没有被委派给下级跟进。
- 你被要求停留的时间超过会议计划的时间。

不信任的表现，除了上述相反的情况外，还有：
- 你被要求提供介绍人。
- 你被要求详细说明在目前的环境下如何工作。
- 被问及"交付成果"和任务内容。
- 被问到你的"价格"。
- 被问及你的教育背景。[①]

如你所见，随着对话的进行，你可以检验是否建立了信任。这是非常重要的，因为如果没有信任，你就不能顺利推进销售进程，就像你不能建造没有地基的房子一样。

在我们讨论信任问题的同时，还有一个情况需要考虑。比缺乏信任更糟糕的情况是失去已拥有的信任。重获失去的信任比一开始建立信任更难。只要问问名誉扫地的自行车冠军兰斯·阿姆斯特朗（Lance Armstrong），或者一度被停职的新闻主播布莱恩·威廉姆斯（Brian Williams）就知道了。

吸取的教训是，你必须说到做到，永远要守时，从来不说闲话，不偷工减料，永远不要夸大你能完成的事，用证据和能观察

---

① 这似乎无关痛痒，但从业30年来，我被默克公司的首席执行官问过一次，我上的是什么学校。

到的行为来证明,而不用推测或者第三方的言论来证明。

> **案例**
>
> 我曾告诉一位部门总裁,他必须换掉他最信任的下属,因为这个下属在暗中搞破坏,他缺乏领导能力,而且不擅管理(比如,指示员工参加公司野餐活动时要按照顺序)。我为这件事向一个拥有化学博士学位、后来成为一家全球性制药公司首席执行官的人道歉。
>
> "艾伦,别担心,"他说,"我相信你的话,因为我们都是用证据和科学方法说话的科学家。"
>
> 这是一个巨大的信任标志——尽管我忍不住想回头看看,在我背后走进他办公室的是什么科学家!

语言

每一项业务都需要有效的沟通,所有的有效沟通都依赖于语言的有效性和准确性。这似乎是显而易见的,但大多数人对这种建立关系的重要工具关注甚少。

以下是我们行业不变的逻辑关系:

- 语言决定讨论结果
- 讨论结果决定关系
- 关系决定业务结果

这够清楚了吧?你不能忽略第一步和一系列相关技能,却期望在这个行业获得成功。

以下是创建互动关系和大型项目的强大语言属性。

同行水平

你不能做一个乞求者或奉承者,你应该以买家同行的身份出现。这意味着你的例子应该与他或她的水平和情况相关,你的参考框架应该适合该行业。例如，在银行业你不必是一个金融专家，但你应该知道什么是挪用贷款。在制造行业，你应该知道"供应链管理"指的是什么。因此，你的语言表达应该根据场景有所改变：

- 层级结构（一线、中层、高管）
- 战略与战术
- 营利与非营利
- 制造业与服务业
- 寡头控股公司与企业巨头
- 国内公司与跨国公司

只要你不落入"推销"和"脚本"的陷阱，就可以简单地更改你的语言、示例和隐喻来匹配你业务交易的场景。

预定的方向

还记得游乐园里的那些船吗？你以为你在驾驶船，实际上它们一直在预定航道里，总是朝着游乐设施预定的方向移动。你应该为完成你的对话创建类似的航道。

有句老话这样说："看不见目的地的时候，任何风都不是好风。"讨论时要准备好有利于你的目标的语言：提交建议书，会见真正的买家，收集信息，研究预算——无论你近期的目标是什么。不要让谈话偏离你的轨道，你应该掌控进程。但实际过程中有太多无关的语言，比如"你喜欢这份工作吗""你最可怕的噩梦是什么"或者"你最重要的任务是什么"，这些都是老生常谈的问题，不会引导你到达目的地。

> 狂热者是一个看不到自己的目标却加倍努力的人。
> ——哲学家乔治·桑塔亚纳

说明性言语

一幅画可能抵得上千言万语，一个比喻可以抵得上成百上千幅画。说明性言语可以帮助我们加速朝着既定目标前进。

以下是最常见的技巧。

- 隐喻：隐喻是一个词或短语，代表一种非立即性的行为，能帮助人们更好理解和记忆一些原则。我经常用"氧气面罩原理"来证明，在试图帮助他人之前，我们需要照顾好自己（就像每次飞机起飞广播时空乘人员都会告诉你的那样）。
- 明喻：这是一个问题与另一个不相关的问题的比较，经常使用"像"或"类似"，"他的寻找就像一个盲人在黑屋子里寻找一只黑猫一样绝望。"
- 转喻：一个词或短语，用来表示与它有紧密联系但不是实际部分的另一事物。我们看到备忘录上写着"来自书桌"（表示是作者写的）或"白宫说……"（表示是新闻秘书说的）。
- 提喻：用事物的一个方面来代表整体。例如，我们用"9•11"来表示2001年发生在美国的恐怖主义悲剧，或者用"漂亮的车轮"来表示对新车的恭维。
- 间接肯定法：就是故意轻描淡写地表达。"苹果是个不错的投资"，或者"亚伯拉罕•林肯作为总统有几个问题需要解决"。

以下是这些技巧的例子：

- 你的新产品创意需要用"逃逸速度"来摆脱保守的文化限制。（隐喻）
- 你的顶尖销售人员不会是指导新员工的最糟糕人选，因为现在你还没有这么做。（间接肯定法）
- 每周的管理例会就像迷失在沙漠中的人看到海市蜃楼一样——没有任何实质性的内容被讨论。（明喻）
- 很长时间以来，客户一直告诉你，你的服务标准不如你的竞争对手。（转喻）

- 季度压力在日常业务决策中扮演了重要的角色。(提喻)

销售语言是一旦建立了信任,进入概念性协议沟通的前奏。语言的有效使用将使客户关注你们的预期目标,防止走神。

为了掌控对话,你还需要打断买家,没错,打断,否则,出于礼貌和好意的谈话可能会把你带到未知的领域,远离你预期的目的地。

下面是如何礼貌地打断对方的表达:

- 我可以打断一下吗?你说了一些我认为非常重要的话,我想确认一下我是否理解了。
- 对不起,我认为你已经从三种不同的角度说明损耗是主要问题,对吗?
- 稍等一下,在我们继续之前,我们能讨论一下最后一点吗?
- 我可以总结一下你所说的吗,以确保我的理解没有偏差?

请注意,所有这些我都称之为"修辞的命令",因为你发出的是一个真的很难被拒绝的请求,与其说是一个请求,不如说是一个指令!这些都是进程中的节点,可以将漫无边际的谈话重新引向你的目的地(保持在航道上)。

你不是为了礼貌与买家在一起——你是为了提供价值服务来帮助买家改善状况,而这通常需要你通过有效的语言来掌控对话,使价值得以实现。

如果你对语言练习感兴趣,只需要回顾这里最后一部分,练习我所描述的,并且我也使用过的所有语言技巧。

概念性协议

概念性协议只能与经济买家达成。如果你还没有与真正的买家沟通,那么根本就不要去试图获得概念性协议,因为那是没有用的。

在图 3-2 中,你可以看到概念性协议在本章前面讨论的销售流程简化版本中所处的核心位置，它链接了从信任关系到成功接受建议书的进程。

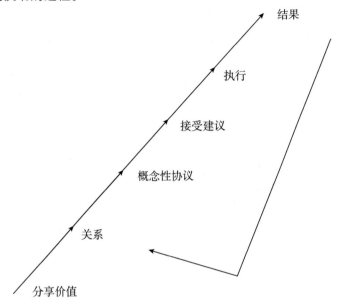

图 3-2　简化销售流程

你与经济买家要达成一致的三个基本要素如下。

1. 目标

目标是业务结果，不是交付方式、输入内容或具体任务，是买方状况如何改善的组成部分，它们可能是专业上的，也可能是个人的。

- 专业：缩短成交时间。
- 个人：花最少的时间解决团队之间的冲突。

将买家从另一个选择转向目标的方法是问为什么。

"我们想让你举办一个为期两天的销售技巧培训班。"

"为什么想开这个培训班？"

"因为我们的销售额严重落后于预期目标。"

情况是，客户遇到了一个问题（销售额低于预期），但却武断地选择了一个解决方案（为期两天的培训）。这里的真实目标是"尽快将销售额恢复到预期水平或高于预期"。真正的解决方法可能不是简单地改变主意，而是对预期目标、个人销售、产品组合等进行分析。

> **经验之谈**：太多的咨询顾问"习惯默认"使用课程或培训的解决方案，因为客户要求做这个，或者这也是他们最了解的，即使这是满足真正目标的错误解决方案。

以下是将可交付内容的选项转变为目标结果的例子：

选项	真正的目标
开展沟通系统培训	降低沟通成本
进行战略调整	制定提高市场份额的策略
指导四个下属	培养一个可能的继任者
打造"样板门店"	创造最佳实践并传播，最大化提高一线销售
与IT部门和其他人建立良好的关系	利用技术减少维修成本和次数

左边一栏包含的任务选项可能会改善客户的状况，也可能不会（大多数培训不会提高生产率或绩效，而这是一个每年盈收800亿美元的行业）。右边的栏可以看到明显改善公司（或买方）的结果。

一旦建立了信任，就要用正确的语言和买家一起寻找真正的目标。

2. 成功的衡量标准

我们需要和买家确定，我们将如何知道正在取得进展。（再次强调，大多数培训都不包括衡量成功的指标，所以投入是否真的能带来回报是个未知数。大多数人力资源和培训部门都会回避这些指标，因为一旦发现大多数培训没有任何影响，他们就会停业。)

每个目标都需要至少一个指标，有多的就更好。你和买家应该就如何衡量达成一致。科学的度量方法依赖于通过客观手段收集的数据和信息，比如每周的销售报告。日常的指标是指你同意买方去观察的点。

以下是一些目标和对应指标的例子：

目标	衡量标准
增加交叉产品销售	每周销售报告
减少研发中的损耗	研发人员月度配置报告
减少产品的投诉	跟踪每周呼叫中心内容
减少派系间的争端	个人行为日志和观察
更高的员工满意度	随机收集员工反馈

这些指标使你能够：
- 持续监控项目的成功率
- 证明你对项目的成功负有责任
- 提供好消息来抵消任何坏消息
- 完成双方商定的目标

3. 价值

价值代表了实现目标的实际影响。我在20世纪90年代早期开创了这种方法，它是顾问可以收取更高费用的最大贡献者，因为费用应该基于价值。

让我们简单以"利润"作为一个目标。你可能会说，利润本身就是项目的价值。但如果我们要增加利润的价值，我们还可以：
- 偿还债务
- 支付更高的奖金
- 吸引顶尖人才
- 支付更高的股息
- 吸引更多投资者

- 加大研发投入

正如你所看到的,"利润"呈现了更丰富而重要的价值。

因此,价值是概念性协议的核心,达成概念性协议的顺序是目标、衡量标准和价值,这些要在写建议书之前完成。这就是为什么你的建议书至少达到 80% 的成交率了,因为它们只是概念性协议认同的总结,而不是探索、协商其他选择。

这是你的公式:
- 为你的项目设定 4 到 6 个目标
- 每个目标至少有一个指标
- 每个目标至少有三个价值陈述
- 至少一半的价值陈述被货币化

总是在保守范围内做选择。如果客户说,"我们可以增加 3% 到 5% 的利润",那就用 3%。如果客户说,"我们可以节省 200 万美元",那就削减一半。这样,你就可以指出,你的巨大的投资回报率是基于买方提供的数据而做的高度保守的估计。

注意:如果买家不愿意给你数字,那么你们就没有建立信任关系,你的进程就过快了。如果买家诚实地说,"我不知道这些数字会是多少",你可以使用一个假设:如果你认为你每年会失去 20 名你不想失去的员工,而每个接替者要花费大约 12 万美元的招聘费、培训费和调动费,那就是 240 万美元,对吗?还有,这种情况是否会造成客户流失或带走客户业务的损失呢?

我们在第 5 章讨论建议书时,将回到概念性协议上来。

点击转换

我一直很喜欢"点击转换"这个短语,因为它暗示了一个理念:不管有多少人考虑过找你,在他们付钱给你之前都不重要。我知道有很多人沾沾自喜，因为他们的网站或博客"每天都有成千上万的点击量"，但是他们的生意却很低迷。

这里提到的"点击"只是一种比喻，比喻的是人们以某种形式关注你的频率转换成他们在你身上花钱的频率。咨询服务的企业买家并不主要是在互联网上搜索资源的！

如果你思考图 2-2，你会发现关键是将潜在客户在你的加速曲线上向下滑动，拉到可以提供更有价值和更高费用的服务区域。图 1-3 显示了如何识别你的理想买家。

当你把你的理想买家和你的产品结合起来，你就有了一个高费用、可持续发展的高潜力业务。以下是创造初始兴趣的最佳方法，这些兴趣很有可能会转换成付费项目：

- 创造"布道"机会。在活动、虚拟社区和合作企业(例如：调查、采访、文章、小组等)中将你的潜在客户和你的客户混合在一起。
- 在合适的媒体平台创建有争议的话题。用出现在有影响力地方(例如，他们所属行业协会的时事新闻)的新想法(例如，团队建设对委员会式的组织形式不起作用)挑战你的买家。
- 在他们参加的活动中发言。例如，如果你在美国人寿保险协会(American Council of Life Insurers)年会上演讲，你会发现自己在向 250 名保险业的首席执行官和首席运营官发表演讲。
- 在你的买家聚集的地方建立关系网，这很可能不同于他们平时所处的环境，例如，参加慈善募捐活动、颁奖晚会、政治集会等，这可以让你以平等的身份接近你的买家。

关键是要把这些会议和注意力"转化"到业务上，这意味着你必须为买家提供投入的理由。你的心态必须是提供价值，而不是"销售"。成功"转化"的步骤如下。

(1) 使用上述技巧，你会出现在理想买家的雷达屏幕上。

(2) 你在交谈、写作和反馈中提供即时的价值。你建议"精简供应链有三个关键步骤"或者"你最好投资你的明星产品，而不是低绩效产品"。

(3) 约个时间去探索你们最初的价值观，更多采用当面交流的形式。(标准：争取90分钟不受干扰的时间与你的理想买家面谈，你不会在电话里签到重大项目的。)

(4) 你将朝着前面描述的概念性协议和提供有选项的建议书迈进。

> **经验之谈：** 不要被那些关注你的人蒙蔽（或自欺欺人），聚焦于你吸引来的真正买家。

我们不能把时间投入到人气、从属关系或类似受欢迎程度等愚蠢的指标上。以下是确保高转化率(买家变成客户)的公式(非常重要)：

(1) 每周会见两个买家，无论是现有的还是新的，无论是单独的还是集体的见面。(与10个买家会面，你将花5周的时间。)这是指的是面谈，不是电话。

(2) 在每年约见的100名买家中，有一半应该同意再次会面讨论项目。

(3) 在这50人中，应该有一半人同意考虑建议书。

(4) 在这25人中，有一半人会接受这个建议书(尽管你的"成交率"应该在80%左右)。

(5) 将12个被接受的建议书乘以平均费用(例如，5万美元)，你就得到了年收入(60万美元)，如果你的平均费用是10万美元，那么你每年有120万美元的收入。

就是这么简单。

第 4 章

费用如何最大化

> 桌面上的钱一早就不见了

直接翻到本章开始阅读的同学，欢迎你们！

费用是对你所创造的价值作为公平酬劳支付给你的钱。1992年这本书首次出版时，我就率先提出了基于价值的咨询收费概念。这是我用过的唯一的方法，也应该是你用的唯一方法，尤其是现在。

基于价值的收费的基本原理

作为你为买方创造的巨大收益的合理酬劳，你获得的费用应该是对等的。除了极少数情况（一次演讲、一天的指导等）外，项目按照概念性协议中描述的目标、衡量标准和价值那样获得成功，费用就应该基于你对项目成功所贡献的价值来支付。如果你是按小时、日、参与人数或其他任何类似的方式收费，你就是业余的，任何推荐这种计费方式的人都是业余的。

当你按小时收费时，你和你的客户就产生了原则上的冲突。你在客户公司工作的时间越长，你的报酬就越高；但你能越快完成目标离开，客户就越能得到好的服务。

有个很简单的算法，你可以先确定你每年的收入目标，除以一年中可用的工作时间，得出你的时薪。这很可笑，为什么要限制你的收入？为什么每小时都在工作？关键是要在最少的劳动时间下收益最大化，否则，我就会在某个地方卖保险，而你也不会为了开启一段激励人心的职业生涯来读这本书。

> 基于价值的收费"公式"是这样的：
> - 有形价值 × 年工作时间 + 无形价值 × 情感作用 + 附加利益 = 投资回报

你的费用应该反映至少 10∶1 的投资回报。这就意味着，如果你创造了 100 万美元利润，也许是因为开展了新的业务，或者是提高了利润率，或者是减轻了压力，又或者是因为两者兼而有之，那么你的费用大约是 10 万美元。（稍后将讨论如何提高这笔费用。）

在概念性协议中，我们已经为每个目标（业务结果）确定了至少三种有价值的影响，其中一半用货币量化。因此，使用上面的公式，假设你可量化的货币化价值是 340 万美元，是通过减少不必要的人员流失而获得的结果，该项目的价值还包括买方减轻董事会因离职而产生的压力，以及减少为争夺可用资源而产生的内部争斗。作为与目标没有直接关系的附加利益，更少的人员流动会更容易吸引顶尖人才，并减少在人员配置和培训上的花费。

因此，你的总估价值可能是 400 万美元左右，你报价的第一选择是 40 万美元。对于你们中的某些人来说，这个数字可能很难说出来，不过比起"我这个月还不起房贷"或者"我希望孩子明年不要上太贵的大学"这样的话，说起来就容易得多。

在我辅导过或者读过我的书的人当中，大约有 95% 的人都是收费过低，却超预期完成项目。好消息是，你不会孤单，坏消息是你可能想尽快离开那群人。

案例

　　我在内华达州里诺市给一群咨询顾问讲课，一个咨询顾问走到过道上用于提问的麦克风前。我刚讲完上面几点就认出了他。

　　在我短暂的停顿之后，他开口说，"你好，我是迈克，我是一名低收费者。"

　　整个房间，大约500人，回应道："你好，迈克！"

　　他继续解释说，在为世界上最大的一家技术公司做咨询时，他创建并实施了一个项目，客户自己的财务人员估计，在接下来的几年里，公司为此可以节省13亿美元。客户欣喜若狂。迈克是一个英雄，我询问他两次，他才说出他的报酬。

　　"我收了3.5万美元，"他说，然后慢慢走回自己的座位，房间里安静得出奇。

　　你的费用应该代表你对客户项目成功所做的贡献，如上面的价值陈述和公式所示。如果客户问："你的收费标准是什么？"或者"你为什么不像我们其他的咨询顾问那样按小时收费？"你应该这样回答：

　　我的费用相当于我为你的项目投资带来巨大回报所做出贡献的合理报酬。

　　这就是合作伙伴的行为方式，一开始我就解释过，这是一种建立在信任基础上的业务关系。你只需要学习这个简单的句子，并要相信它以信任为基础的逻辑。

　　在没有获得概念认同之前，永远不要报价。如果被追问，请告知买方：

　　如果我在没有仔细考虑我们讨论内容的情况下就报价，对你是不公平的，我可以尽快考虑，争取24小时内将建议书交给你。

　　没有买家必须要你当场报价！费用可以和建议书一起提，这也是展示真正投资回报率的时机。

> **经验之谈**：如果你要获得真正意义上的基于价值的费用，你必须和有付费权的经济买家达成概念认同。

你必须适应这样的现实：费用的制定既是艺术也是科学。你可以计算有形的利益，但你也必须评估无形利益的真实价值（更少的压力、更好的美感、更好的媒体关系、更好的社区公民、更多的舒适感等），以及买家个人目标对企业目标的影响力，例如，被视为领导者、创新者和重要晋升机会的最佳候选人，这些价值比金钱更重要。

最后，你还要明白，如果你为一个项目报价18.5万美元，那么实际支付可能是16万美元或者20.5万美元。这样的数额浮动没有什么关系，因为几乎客户支付的所有的费用都是你的利润。不过，如果你项目的报价是1.5万美元，那么，实际是按1.1万美元还是1.9万美元支付，差异还是很大的。

不过，你读这本书也不是为了做1.5万美元的项目。

如果你每年"留下"5万美元你本可以收但没有收取的费用，那么，你在10年内就损失了50万美元，这50万美元永远无法收回，这可都是你的纯利润。

预付费

预付费是为获得使用你智慧的机会而支付的费用。
预付费是为获得使用你智慧的机会而支付的费用。
预付费是为获得使用你智慧的机会而支付的费用。

我说明白了吗？咨询行业的预付费和律师行业的不同，律师是从客户那里收取预付款，然后再按照微不足道的时薪慢慢扣除。

因此，一个咨询顾问收到预付费了，意味着客户有权在聘请期间的任何时间将你作为参谋咨询客观的观点。加速曲线的最终目标是将业务移动到高费用、低劳动强度的组合,以及你自己独特的"金库"中(由此,与任何人都不竞争,也不存在价格敏感)。因此,预付费是高费用和低劳动强度的最终体现,因为它不是基于项目的。

客户看重的不是你的"亲力亲为",而是你的大脑智慧。

在图 4-1 中,我们呈现了一种关系,即当我们刚开始开展业务时,我们工作很努力,几乎愿意接受所有能够提供面包的工作(我曾经做过 20 美元的简历评估)。随着我们职业的发展,劳动强度会跟随我们采用更聪明的方法而减少,而且随着我们的品牌越来越强大,我们的费用也会上升。品牌差异化越大,如图所示的正向"差距"越大。

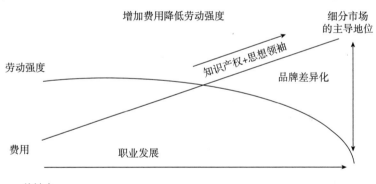

关键点:
1. 品牌的力量　　　　　2. 简化你的业务
3. 委托给客户端　　　　4. 工作分包

图 4-1　增加费用降低劳动强度

预付费中有三个变量:

(1) 数字。有多少人有权限?是只有买家,还是买家指定的三个人?一般来说,这个人数限制在指定的 1～4 个人。这样就不会被误解,以为他们的下属也有咨询权限。

(2) 范围。如果你在东海岸,而客户在西海岸(或海外),什么时间的访问是可接受的？周末或晚上可以吗？是否通过电子邮件、电话和/或 Skype(或其他电子媒体)进行沟通？需要预约吗？是随时进行还是预约后快速响应？(我的建议是预约后快速响应，而不是随时进行。)是否可以要求会面，包括个人会面？这些都是重要的服务范围问题，你可以看到不同的范围和方式在价值上的差异(例如，私人会议、快速响应等)。

(3) 持续时间。预付费的有效期是多久？我建议不要少于 90 天，客户应在项目开始时按季度付款。

我想说明的是，预付费的服务是由客户发起的。你不用打电话，不用检查，也不主动提建议。你必须有信心，知道你的服务有巨大的价值，而不是要记住客户打给你电话的次数。这个过程是被动的，不是主动的，更像是指导而不是教练，当你需要帮助的时候，你会联系导师，但是当教练认为有必要的时候，教练会主动介入。

案例

一位教练客户对我说："我的客户正在考虑减少或取消我的预付费，因为去年他只联系了我几次。"

我问："他买火灾保险了吗？"

"当然，他们买了。"

"他们发生火灾了吗？"

"没有。"

"你去问他，是否打算取消火灾保险。"

永远不要同意把预付费的一部分用来执行项目，因为你将不能按照基于价值的原则收费，还会被要求去解决客户选择的任何问题。

> **经验之谈**：预付费模式仅限于给建议。永远不要包含项目的创建、实施或监督过程，否则你是在试图用长曲棍球棒踢足球。

我对拥有很强品牌的顾问的建议是，按2016年的标准计算，他们每月至少要收取7 500美元（至少三个月）的预付费；品牌更强的，每月至少要收1万美元或更多。品牌弱了，客户是不会愿意预付费的，而做一个便宜的项目（如每月1 500美元）所涉及的工作量将远远超出你的承受能力。

一般来说，预付费业务的最佳来源是：

(1) 那些对你过去的工作非常满意的客户，他们会乐意用另外的方式来和你继续保持联系，并在特定情况下借助你的帮助。

(2) 在建议书的选项3（见第5章）中，你将因为你参与项目的顾问能力延展项目，与客户进行更长期的合作。

(3) 大型企业。小企业主没有经历过相应的场景，很难理解你付出的价值，往往会忽视协议条款，提出更多费时费力的要求。

你的品牌越强大，你就越有可能开展预付费业务，当然，你也可以随时去尝试。一般聘任期最长为一年，因为许多企业不会批准超过一个财政年度的专业服务协议。不过，一旦买家在董事会会议前能利用你的专业知识，或者把你作为内部斗争的裁判，或者请你商议如何应对媒体不良报道，或者成为有吸引力促销活动的首选参与者，你的预付费协议很容易更新。

最后，你不主动说，没有客户或潜在客户会知道你还提供预付费服务。预付费业务的机会应该体现在你的谈话和你的提案选项中。

RFP：需求说明书

把需求说明书(RFP)放在费用里介绍，而不是放在建议书中，因为这是一只奇怪的鸭子，它可能适合在这个池塘里。

许多公共部门（政府）机构、非营利组织和一些营利组织更喜欢使用或授权使用需求说明书来招标项目。需求说明书是高价值咨询工作的噩梦，因为：

- ▶ 它们聚焦的是可交付成果、任务和活跃程度，而不是结果、效果和价值。
- ▶ 它们一般是由低级别的人员（采购者、采购审核人员、学习和发展者、人力资源）发布的，因此也会使用上述比较低层级的标准来评估反馈。
- ▶ 它们是出了名的以成本控制为原则，而不是由投资回报率所驱动。
- ▶ 真正的买家（拥有项目预算的人）会因为这些手下的高度"自保"而跑偏。
- ▶ 按它们的要求完成项目都是耗时费力的。
- ▶ 它们通常只在工作完成后支付费用，而且一般也要分30天付清，甚至90天的付款期。它们的付款和费用报销受官僚主义影响而习惯性地拖延。

不过，如果你愿意遵循这个工作系统并进行创新，在需求说明书项目上也可以开展竞争。

以下是我在需求说明书项目中与他人有效竞争的原则：

(1) 设法找到买家。有时会有"公开听证会"，需求方会当面解释需求，并鼓励打算投标的人提出问题，买家可能会在场。就算买家不在场，也总会找到在场相关人员把你介绍给买家，你可以和其中一人做朋友，然后让他给你介绍。或者，在你自己的人脉关系联系表中，看看是否能找到认识买家并愿意为你介绍的人。如果成功了，先建立信任关系，再按之前说的提交建议书的流程推进，而不仅仅只是针对需求说明书简单回应。

(2) 超越需求说明书的要求，提出你自己的建议。一旦你遵循了需求说明书的要求，就没有什么可以阻止你在它的基础上添加内容。我建议你创建自己的建议书(见第5章),并将其附在需求说明书上。这样,你既显示出对需求(客户想要)的遵从性,同时也展示了额外的价值(客户需要),这可能会让你脱颖而出。

> **案例**
>
> 　　我曾给《今日美国》的招标书投标,被告知我处在优势位置。但是两个星期过去了,我没有收到任何消息,最后,我发现我输给了另一家公司。
>
> 　　当我打电话给我的联系人时,他告诉我,在胜出公司增加将培训下一级管理人员以确保持续增长(当然还需要额外的费用)计划之前,我一直处于有利地位。
>
> 　　"但你们并没有这样的要求啊,"我说。
>
> 　　"是的,"她说,"这也是为什么他们中了标,我们遗漏了一些他们知道如何提供的东西。"
>
> 　　那是我最后一次忘记附上我自己的带有价值的建议。

　　(3) 学习法律、法规及规章制度。例如,美国政府的《联邦收购条例》(FAR) 规定,出价不能以最低成本为基础,而是以最高价值为基础,许多组织也有类似的规则。这意味着需要强调价值、投资回报率和长期利益。

　　(4) 和关键影响者交朋友。如果你见过买家,甚至是起草需求说明书的人,他们"定制"的文件可能会给你带来好处。(有些项目招标书实际上只针对一家公司设计。)他们可能需要两本战略方面的书,和/或曾在亚洲工作过的经验,和/或能够说一口流利的西班牙语,和/或有博士学位的人。你可以根据你自己的档案提供"信息"作为需求说明书的模板。

　　(5) 委托他人做样板文件。如果你有全职、兼职员工或类似助理的人,让他们来处理这些细节。

> **经验之谈**：不要追求需求说明书，或者在你的业务中太依赖于它们。如果你确实接受这样的招标，那就把对你有利的牌尽可能堆得高些。如果你不这样做，你成功中标的概率是很渺茫的。

虽然需求说明书是一些有吸引力的潜在客户在特定情况下所需要的，但在获取外部资源方面，这种方式是少数。你应该准备好随时处理需求说明书，但你不应将此作为获得业务的主要方式，让自己陷在里面。

如果你每季度为超过两个需求说明书投标，那么你获取业务的努力是错误的。

选择

在第 5 章，我将说明如何在建议书中为项目提供可选方法，但我想首先说明一个奇妙的、实用的心理上的选择方法。

选择就意味着有被替代的机会，有实现相同目标的另一种方法或途径。从新泽西到纽约，你可以开车、乘公共汽车、租车、乘火车、乘船、乘飞机或游泳，你也可以经过乔治·华盛顿大桥、林肯隧道或荷兰隧道。每种选择最终都可以到达纽约，但速度、安全性、舒适度、风险等程度各不相同。没有两种选择在吸引力或风险上是相同的，也可以说，在决策者眼中没有两种选择吸引力和风险是相同的。

在大多数情况下，我们会给人们一个"要么接受，要么放弃"的选择，即做或者不做。

- 你今晚愿意出去吃饭吗？
- 我应该买套新衣服吗？
- 我们应该在 7 月休假吗？

- 你能参与菲比项目吗？
- 我们下周能再碰一碰吗？

我称这些为"二进制"选择——是或否，上或下，右或左，进或出？这是在划界，是危险的。这种方式在获取业务的过程中是致命的，因为这如同你在抛硬币，赌得到的是"正面"一样。尽管你们的关系非常好，概念上也达成了共识，但你没有给买家任何灵活性。

> **经验之谈**：养成总是给予别人选择机会的习惯，即使是在小事情上，这从来都不会过分，因为不给予选择机会的代价可能会非常昂贵。

当你提供一个二选一的选项时，你有50%的机会得到你想要的决定，即使你们的关系很好，这个比例也不会超过60%，这在业务中是非常可怕的概率。(著名的橄榄球教练伍迪·海耶斯有一次被问及为什么他的球队很少传球，通常都是带球。"传球只能发生三件事，"他说道，"其中两件很糟糕(被拦截和没传到位比接到球的机会多很多)，所以我为什么要这么做呢？"因此，关键是要提供多种积极的选项。

如果你真的想去吃饭，不要问"你今晚愿意出去吃饭吗？"而是"你想去哪里吃饭？"这极大地拓宽了选择范围，更广泛地涉及了对方的个人需求("嗯，我一直想去那家餐厅试试的。")。类似的：

- 不要问"我应该买套新衣服吗？"问"我该买套怎样的新衣服？"
- 不要问"我们应该在7月份休假吗？"问"我们应该什么时候去度假？"
- 不要问"你能参与菲比项目吗？"问"什么时候你能很好地完成菲比项目？"
- 不要问"我们下周能再碰一碰吗？"而是问"下周什么时间适合再碰一碰？"

如果你给客户提出再次见面的建议，不要说："你愿意再见面吗？"或"你想什么时候再见面？"你可以这样说："我可以周一同一时间在您的办公室与您再见面，或者下周的任何一个早上通过 Skype 与您见面，也可以周三或周四我们一起吃午饭——哪个时间您最方便？"在某种程度上已经极大增加了接受你的建议的机会，从心理上讲，对方默认了"我的日程表上最合适做的事是什么？"

从数学的角度来看：

二选一规则中的选中机会是 50/50。

有三个选项的话，被选中机会占 75%，因为买家可以选择你三个选项中的任何一个，也可以拒绝，你的成功概率增加了一半。当你只是使用语言，没有投入一分钱的时候，这是非常好的！

项目的选项包括以下条件：

(1) 第一个选项必须满足所有的目标，否则你会被认为没有职业标准。如果你的选项不能满足所有的目标，就不能用达成目标所带来的价值证明你的费用是合理的。

(2) 后面的选项应该包括前面选项 1 的内容。这不是点菜，而是全套餐。

(3) 费用随着选项的增加而上升，因为它们提供了更多的价值。选项 1 将满足目标，但选项 3 满足目标同时还包含了其他更多的附加价值。这是在需求说明书的基础上增加的价值，以增加你中标的机会为原则，这点在前面讨论过。

一旦你养成了自然而然就提供选择的习惯，你会看到获取业务的各个方面（会议、后续跟进、建议等）有迅速的增长，生活的各个方面有显著的改善。

你为什么不试着证明一下向客户提供选择的好处，而不是简单的接受或放弃？

第 5 章

建议书

> 从不谈判，只是总结

我对建议书的定义是，它是咨询顾问和客户之间概念认同的总结，不是在探索是否继续推进或该如何推进的谈判文书。这也是我的合同，因为它包括了双方都认可的结论。

就像这个行业里的其他事情一样：简化。

九个步骤

我曾经写过一本书叫《如何编写每次都能被接受的建议书》，我是认真的，到目前为止，你遵循这些建议的话，你的建议书的"命中率"应该至少达到 80%。许多我辅导的客户都能证明，他们的建议书 90% 到 100% 都会被接受。

下面就是那条容易取得成功的捷径。

1. 现状评估

建议书开篇用一段或两段话（不要太多）描述一下客户的现状，说明写建议书的原因，并明确你和客户之前已经讨论过的内容，这些不是对客户业务的描述，而是对客户需求的描述。

以下是一个较差的现状评估例子：

惠普是一家集硬件、软件和技术咨询服务为一体的公司，总部设在加州帕洛阿尔托，在世界各地设有办事处。1947年，由比尔·休利特和大卫·帕卡德在一个车库里创立，1957年上市。目前，已成功从主要的技术产品供应商（例如：打印机油墨）转型为以提供技术服务（例如：咨询）为主。

这是一个糟糕的现状评估描述，因为显然惠普知道所有这些，你的描述他们不关心！

对比以下较好的现状评估例子：

惠普曾经依靠其强大的品牌力量和员工强有力的口碑，成为优秀人才首选的雇主，所以招聘成本低，留存率很高。然而，经历了多年收入的浮动、组织变革、高管和董事会层面的人员更替之后，目前，必须再次想方设法吸引顶级人才的加入，但这比以往任何时候都要困难。

一旦有了简明的现状评估，我们就可以进入步骤2、3和4，这是概念性协议的总结：目标、衡量标准和价值。我更喜欢用要点的形式陈述这些，如下所示。

2. 目标

根据双方协商，本项目要达成的目标是：

- 在20所指定的顶尖学校里，增加选择惠普作为就业选项的申请人数量。
- 在公司薪酬标准范围内，寻找能力相符的人才，并避免"竞价战"。
- 聘用人员一年后的留存率要超过90%。
- 招聘的候选人需要通过惠普指定人员至少两轮的面试，才能获得录用。

请注意，这些都是输出的结果，正如前面概念性协议中所述，它们不是交付产品、任务或输入内容，是对公司有明显改进的地方。

3. **衡量标准(或评估成功的方法)**

对于每一项目标，至少应该有一个衡量标准来评估目标的进展和你所做的贡献。

这些目标的衡量标准包括：
- 在招聘季（1月至5月），惠普面试不少于6名候选人，他们分别来自前20名学校中的至少10所。
- 在招聘季，惠普每月至少会收到10份来自这些学校投送的简历。
- 除特殊情况（例如，多样性、语言技能）外，100%的新员工都是在现有薪酬标准范围内录用的。
- 一年后，惠普至少留住了90%的新员工。
- 惠普主动寻找的候选人，通过面试并被录用的比例不低于75%。

请注意，可以通过每周、每月的报表，事实证据和观察来跟踪这些指标。有些报表可能已经有了（录取通知书的数量），有些可能需要去创建（录用人员和前20名学校的关系）。

4. **价值**

目标要有影响力（我们前面已经解释过，像"利润"这么简单的事情是如何产生不同影响的），需要在这里规定目标的价值，以便客户能够看到投资回报率，从而理解你的费用。

实现这些目标的价值包括：
- 专业级人才的招聘净成本减少100万美元（按预估的一半计算）。
- 人员流失费用（包括培训、人员更替和延迟的工作所产生的费用），净减少大约200万美元（按预估的一半计算）。
- 减少1/4的招聘时间和投入精力，约50万美元（按预估的一半计算）。

- 人才稳定，对投资者的吸引力增加。
- 回归员工的"口碑相传"，以招募朋友和熟人。
- 减少因失去熟悉的公司联系人而引起的客户投诉和不满。
- 改善新闻报道和媒体报道。
- 取消"人才危机"任务小组和相关会议，目前这些会议和管理行为每年要消耗大约40万美元(按预估的一半计算)。

请注意，针对四个目标，我们这里有八个价值陈述，其中四个直接用货币明确。根据概念性协议认可阶段和买家商议的结果，保守地按照买家估计的一半价值计算，等于390万美元。因此，按10∶1的投资回报来看，可以证明这个项目收费近40万美元是合理的。

5. 方案和备选方案

这是我们前面描述的"概念性协议下的选择"。 我推荐三个选项，每个选项都包括前面的选项内容。

方案1：创建和部署

我们将：
- 面谈惠普目前主要的面试官并评估他们的技巧。借鉴我们其他在这方面做得好的客户的经验，创建一个"最佳实践"的面试手册。
- 与新入职的和两年前离职的优秀员工进行面谈，找出入职和离职的原因，我们会根据这些发现调整招聘及面试流程。
- 为排名前20的学校专门设计和编纂一个全新的招聘系统，把应征和未应征的求职者全部纳入服务。

方案2：执行和监督

除方案1外，我们将：
- 在顶尖商学院中成立一个顾问委员会，评估学生不断变化的态度、需求和期望，在此过程中呈现惠普作为一个良好的职业选择的企业形象。

- 开展一次媒体宣传活动，宣传惠普对顶尖及极具职业潜力的人才的关注，这将包含顶尖人才写的针对性文章。
- 实施问责制，让每一位高管都把招聘和留住员工作为其个人季度考核的一部分。

方案 3：延续受信任的顾问服务

除方案 1 和方案 2 外，我们将：

- 在方案 2 完成后的 6 个月内，作为受信任的咨询顾问，可以不受限制地接受咨询，客户可以根据需要获得客观的外部咨询建议，且无需再支付任何费用。需要明确的是谁有这样的咨询权（最多 4 人）和在什么条件下咨询。

请注意，选择方案 3 的前提是方案 2 被选了，而且我们仍然没有提到费用。

6. 时间安排

简单陈述完成项目所需的大致时间，一定要使用顺序陈述法，而不是具体日期，因为你永远不知道买家什么时候会真正签署协议。

- 方案 1：45 天
- 方案 2：75 天
- 方案 3：方案 2 结束后的 6 个月

7. 职责描述

这是非常重要的部分，列出买家负责什么，你负责什么，以及你们共同负责什么。举例如下。

买家的职责是：

- 为咨询顾问提供所有建筑出入的安全许可。
- 提供一间有网络的办公室。
- 允许使用自助餐厅。
- 作为项目"领军者"，主持我们的信息沟通会，为偏远地区制作三段视频，并将此项目作为直接下属的个人重点工作。

- 根据咨询顾问的要求提供关键文件和人员的访问权限。
- 解决员工之间的争议和不愿参与的问题。

咨询顾问的职责是：
- 签署保密协议。
- 亲自主持所有的访谈和小组问题讨论。
- 每个月至少当面或通过 Skype 进行两次汇报。
- 在正常工作时间内，只要有需要，会在三小时内电话回复，在一天内回复电子邮件。
- 可以应要求在偏远地区召开信息沟通会。

我们共同的职责是：
- 如发现任何可能对项目成功产生重大影响的事件，无论是否与项目直接相关，应立即通知对方。

这是我说最后那句声明的两个理由。一个是，客户没有透露项目第一部分的部门正在被剥离！二是，我发现另一个客户的三个关键副总裁都在投简历，准备离开！

8. 条款和条件

这是买家第一次看到项目费用。通过前面的步骤，买家已经基本同意你的建议书和费用了，现在只是点头通过而已！与直觉相反，条款必须非常简单。

- 方案 1 的收费为 38 万美元。
- 方案 2 的收费为 41.5 万美元。
- 方案 3 的收费为 49.5 万美元。

条款

签署协议后付 50% 的定金，45 天后付清余下的 50%。或者，在签署协议时支付全部费用，我们将提供 10% 的特别折扣。

费用报销条款

费用是按每月实际发生的金额凭发票报销。费用包含合理的差旅费、住宿费和餐费，不包括快递费、复印费、电话费和其他

第 5 章 建议书

办公费。

无论何种原因,这些费用的条款都是不可取消的,即使项目被延迟或经双方协商重新安排时间,付款日期和金额仍然必须满足。在满足协议的前提下,我们会保证我们的工作质量,实施项目、提供可交付的成果等。

> 经验之谈:永远不要过早地提出或建议你的费用,直到建议书已经强调了价值和可能带来的成本节约。

你可能认为这种方法有些咄咄逼人。确实有点,以下要点供你参考:

- ▶ 永远不要协商费用,但你可以协商条款。从协商条款开始对你最有利,比如,可以协商说,60 天内付 50% 可以接受。
- ▶ 这样的项目,方案 1 的收费是 35 万美元还是 40 万美元并不重要,因为所有这些都是纯利润。报价是科学也是艺术。关键是买家感知到的投资回报率[①]。
- ▶ 解释一下你不收取的费用是很有帮助的,这样这些费用看起来就很明确了。我不赞成把费用方面的所有内容都包括在报价里[②]。
- ▶ 重要提示:许多组织都有要求内部打折规定。全额支付有 10% 的折扣通常正好可以满足这一规定,你可以立即就有项目全部的费用使用了。

请注意,不论何种原因,这些协议不能取消。我保证我的工作质量(不是结果,结果是不可能保证的),让客户有保障,作为交换条件,我也应该有可靠的合同。

[①] 很显然,如果你面对的是 15 000 美元的咨询项目,那么收 12 000 美元还是 18 000 美元的差别就很大了。

[②] 出差,我坐头等舱,住套房,使用豪华轿车服务。但我按照当地万豪酒店(Marriott)的价格、经济舱全价和出租车的标准向客户收取费用。我不指望客户会支持我的生活方式,或者支付比客户更高的差旅标准费用给我。

9. 接受建议书

因为我想让事情保持简单，避免多个文件和审批流程，因此我的建议书也是合同的一部分，格式如下：

以下签字表示你接受上述条款和条件，同意付款，并启动本项目：

选择一个： 方案1____ 方案2____ 方案3____

选择一种： 50%定金____ 全额费用的9折____

惠普公司： 顶点咨询集团：

_____ _____

姓名：琼•蔡斯 姓名：艾伦•韦斯

职称：高级副总裁 职称：总裁

日期：_____ 日期：_____

这就是建议书的全部内容，篇幅一般只有两页半纸。注意，你不需要准备宣传材料、简历或其他任何东西，因为在起草这份文件之前，你们已经达成了概念性协议。

如何呈交

我不喜欢当面提出建议。我喜欢的顺序是：
- 与客户亲自确定概念性协议。
- 建议书通过电子邮件和快递发送。
- 我会在24小时内跟进，了解客户选择了哪个方案。

客户在签署建议书前，仍然有机会在后续电话中提出问题并得到澄清。既然这不是一份谈判文件，我觉得没有理由去见面会谈。

如果你一开始在会议上提出建议书，买家可以选择说，"这很有趣，但我还没有仔细阅读，所以让我先仔细看看，等我弄明白了再打电话给你。"这真的就是浪费时间。还有一种风险是，买家邀请其他人参加会议，从而造成非买家（和感觉方案对其有威胁的人）反对该建议书的可能性。

为了加快速度，我建议你用电子邮件和快递两种方式发送建议书，这样买方就可以在桌面上看到有你们抬头的信纸的打印件。随信附上一个写了你的地址的回寄快递信封，可以寄回已签署建议书的副本。我不喜欢包装，不会弄活页夹或其他花哨的东西。前面章节中，你已经了解到这些文件是"高效精简的"，就两页半纸。记住，发送两份。

你也可以寄一些发票，符合你的方案和付款条款的要求。

因为建议书只是之前达成的概念性协议的总结，加上你的方案和费用，所以建议书的提交应该被视为总结，而不是正式的陈述。

> 经验之谈：保持建议书和概念性协议的一致，使建议书中的陈述和接受建议书几乎成为一个形式上的流程，而不是什么大事。

如何跟进、启动或恢复

最好的跟进方式是在约定的时间打电话。因此，当你与买家达成概念上的认可时，你应该这样声明：

明天下班前我会把完整的建议书以电子邮件的方式发给您。我们后天再谈，这样我就能知道哪种方案最适合您。什么时间最好？打您哪个号码，座机还是手机？

不要在没有确定时间的情况下离开，尽量做到和买方约好下次再谈的时间。这些都是可以商量的，但必须是在短时间内决策。

请注意"假定成交法",在这里你要了解的是选择哪个选项继续(而不是是否继续前进,这就是选择的力量)。

以下是针对买家的不同反应我们的跟进策略:

(1) 买家在电话里说"是"了。首先要答谢,感谢买家的信任,并询问首笔款将何时及以何种方式支付。这不是"咄咄逼人"——换个不同的说法:生意兴隆。

(2) 买家有疑问。尽你所能回答这些问题,永远不要随意对提出的要求做出承诺(比如说,"我不知道我会在现场待几天,这取决于项目的进展,但如果你需要我,这绝对不是问题。")一旦买家的问题得到了解答,马上询问他们会选择哪个方案。如果买家还是不确定,那就问他,"还有什么问题或障碍妨碍你做出选择?我们可以打电话一起讨论下。"

(3) 买家想让其他人参与决定。强烈抵制这个要求。强调项目是一个可能会威胁到其他人的战略决策,第一步必须是先达成买家承诺,之后在实施中你可以确定他们的角色和职责。

(4) 买家想要更多的时间。见上文跟进策略2的答复。

(5) 买家说"不"。参见下面的讨论。

如果有了信任,有了概念性协议,有了可选方案和建议书,也通过电话跟进了,在这时,买方还提出异议,(可能会说,"让我们六个月后再谈吧"或"让我们等下一个预算周期吧",两者都是在说"不"),那么你就需要退后了,问一下买家这个问题:

"我该怎么做才能说服你接受我的帮助呢?感谢你的坦诚,让我学习和成长。"

你至少可以从拒绝中吸取教训。碰到这种情况,你可能喜欢更努力争取,但通常情况下,当你被拒绝时,买家是希望你尽快离开。反思一下究竟哪里出了错——当然这也可能是买家的问题。

> 经验之谈：按照这样的方法，你的建议书应该能签约大概 80% 或更多，同时，也要从那 20% 没有签约的项目中吸取经验。

最后，在项目"启动"的情况下，别拖延，马上开始初始阶段的工作，特别是远程工作，如采访、调研，立即安排开发票，将你与新客户的第一次会面安排在下周左右。

插曲 2

价值的概念

纵观本书(以及我所有的作品),价值的概念是最重要的。实际上,当你被问及你的计费方式时(潜在客户是希望采取时薪计算报酬的),我建议的回答是:

我的费用是基于我对项目的贡献,代表了因为项目给你带来的巨大的投资回报而给我的一个合理酬劳。

报酬是提供价值换取的公平补偿。按时薪计费是不公平的,客户是基于时间而恣意使用你的劳动。事实上,用这种方式计费也不合逻辑,因为项目进行的时间越长,咨询顾问得到的报酬就越多,但是也会不利于客户获得最大效益。这既不公平应该也不合规则,然而,直到今天,这仍是许多专业人士服务计费的基础。

起源

当农民能够使用人力资源(大家庭)和技术(马或牛拉犁及研磨谷物)来创造超出家庭需要的过剩食物时,自给自足的农耕时代被资本主义社会所取代。农民可以通过养活其他人,换取某种公平的补偿。

于是,工匠诞生了。

人们可以修理马具、茅草屋顶,提供娱乐,或者提供肉来换取农民的粮食。这些都不是按小时而是按结果来计算的。根据所提供服务、娱乐的价值进行协商,支付一定数量的豌豆、西红柿或玉米。

这就是资本主义的本质:私有制的贸易,用个人生产和拥有的商品作为交换价值进行交易。随着社会发展,剩余价值过剩,就会有一些尴尬的现象,交易方很难接受 40 只山羊或 100 蒲式耳(英国计量单位,1 蒲式耳 =8 加仑)桃子作为交易商品,因为山羊可能会逃跑,桃子会腐烂,于是,硬币(货币)被发明出来,然后发展成纸币,现在用货币来储存和保存交易价值。

意义

价值的意义很简单:它是产品或服务的重要性或有用性。价值又是因人而异的。因此,我们面临的挑战包括:
- 创造价值。
- 提升价值。
- 为价值创造公平的费用。

每个人都知道自己想要什么,但很少人知道自己需求什么。想要和需求之间的区别就是我所说的价值距离(图Ⅱ-1)。

如果没有明显的需求,或者买家只关注自己想要的,我们的工作就要创造需求,创造需求的关键是要问"为什么"。

你为什么要求领导层离开?

因为我们在战略上没有达成共识。

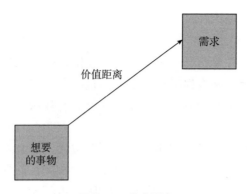

图Ⅱ-1 价值距离

关于战略，让他们一开始就参与是否比只是获得承诺更有意义？

通过引导让买家看到更大的视角，你创造了以前没有被意识到的需求。

曾经有段时间，音响特别火，越是拥有大立体声和扬声器的音响越受追捧，于是，音响变得越来越大，有些太大了，需要两个人才能搬动！

后来，索尼总裁盛田昭夫决定开发一款听音乐的设备，可以戴在腰带上通过耳机收听音乐。他的工程师指出，没有人想要这样的播放器，他的营销人员告诉他，他没有听到公众的需求声音。但盛田先生是老板，他坚持做。

瞧，随身听诞生了——这也是 iPhone 的鼻祖吧。现在人们可以通过微小的耳塞收听看不见的设备传来的声音。而在索尼生产出来之前，没有人知道他们需要这个。亨利·福特 (Henry Ford) 曾说过，如果他只听取客户的产品建议，他就只会养更快的马。

你可以很容易地说出那些大量引入需求的组织：联邦快递、优步、西南航空公司、企业租车等。在更清晰的定位基础上，你可以而且也应该不懈地追求客户和潜在客户的需求，这不仅会让你的项目做大，而且还会让你和你的工作越来越有价值。

从直觉上来说，人们往往相信他们会得到与他们所支付的费

插曲2 价值的概念

用价值相当的东西，但高费用的结果有时会违反这个直觉。不久前，我不得不去买一个扳手来处理一个小漏洞。五金店有三种价格不同的扳手，我看不出有什么区别，于是，我选择了最贵的那款，认为既然最贵，就一定是最好的。你可能会认为我的逻辑有错误，但真的，没人愿意去找那个最便宜的心脏外科医生。

因此，由于你的费用遵循你所提供的价值，那么，你可以达到输入价值的那个点有多高，你的费用就有多高！

费用成为驱动感知价值的动力，价值通常以高的品牌影响力、声望和传播力来体现。换句话说，有足够多的人对你赞不绝口，以至于其他人都觉得应该找你，在这种情况下，费用从来不是问题。(今天，我收到一项报价1.7万美元的教练项目，该客户咨询"你有时间接我的项目吗"，这和"你能为我做什么"真是天壤之别。)

价值和费用要相称会如此重要的原因见图Ⅱ-2。当买家因为你和你的声誉做出购买承诺的时候，相对应的，你需要证明你能给他们带来的高回报，这也说明了你的高费用是合理的。当费用高而承诺低时，通常不会有任何销售。当承诺和费用都很低时，大家对结果都没有兴趣。

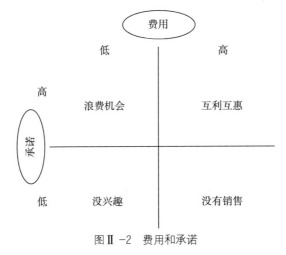

图Ⅱ-2 费用和承诺

真正的危机发生在高承诺低费用的时候，太多的咨询顾问陷入浪费机会的土壤里。他们对一个项目收取的费用太少，而买家本可以轻松支付更多的费用。(你们当中有多少人曾经被客户开心地告诉过，"我很惊讶你的价格会这么便宜！")这不是你应该感到骄傲的地方。

转换成价值

在与买方达成概念认可的过程中，必须将业务成果转化为价值。下面是在对话中可以使用的一些一般性问题：

(1) 这些结果对您的组织意味着什么？

(2) 你如何评估实际的回报 [投资回报，资产回报 (ROA)，销售回报 (ROS)，净资产收益率 (ROE)，等等]？

(3) 改善 (或纠正) 的程度如何？

(4) 这些结果对你的最终盈利会有何影响？

(5) 年度节省了什么 (第一年的数据可能具有欺骗性)？

(6) 无形的影响是什么 (如声誉、安全感、舒适度等)？

(7) 就你个人而言，你怎么会做得更好或得到更多的支持？

(8) 影响的范围是什么 (对客户、员工、供应商)？

(9) 与你的全部职责相比，这有多重要？

(10) 如果失败了怎么办？

接下来的问题都是关于"节约、改善、收入和利润对你意味着什么"。

如果客户提了一个项目目标 (最好是一个业务结果)，比如："我们寻求与主要客户的单线联系，不要因为不同的产品和服务发生重叠联络。"你会问："为什么？"这个回答就提供了这个目标的真正原因。

回答："我们在一个客户多次重复拜访上花了太多钱，以至于我们最好的客户抱怨说,他们有种被纠缠的感觉。"

追问:"一个客户拜访通常需要多少时间,经理需要多少时间来回应客户的抱怨?"也可以问:"如果在一次拜访中,只有一个人同时销售多种产品和服务,你认为能增加多少销售额?"

这些问题将引导你找到有关估算盈利的实质性答案。养成将数字减半的习惯(如果预计能节省50万美元,那就用25万美元计算),或者采用范围的下限(如果预计能增加5%～8%的销售额,那就用5%来计算)。这样你就可以解释,当买家测算ROI(总收益除以总投资)时,你的数字是很保守的,实际的回报可能要高得多。

当你满足于"寻常的"目标,如"增加清晰度""更多的信心"或"更高的承诺"(我称这些为"人力资源目标",它们是如此薄弱和不可衡量),你就拒绝了创建有吸引力的投资回报的机会,在这样的改善下,客户将得到巨大的收益,你的公平酬劳是相当合理的。

价值哲学

我们的职责是改善客户的状况。这意味着,改进构成重大价值。价值体现在提高的结果,而不是疯狂的活动。

管理中有一种误区,认为领导者是靠采取行动来获得报酬的。我们喜欢并提拔那些"以行动为导向"的人,但没有人会因为采取了行动就得到报酬,人们得到报酬是因为取得了成果。在财务业绩不佳、人员流失率更高、市场份额减少的情况下,没有一个董事会会引用执行团队所从事的活动数量来通过一项决议。

以下是你在生活和职业生涯中,最应该遵循的价值原则:

- ▶ 价值会在改进的情况下显示出来。
- ▶ 价值还体现在通过有效的预防工作和灵活的弹性管理来维

持当前状况。
- 提高绩效和提高标准（创新）比解决问题和恢复过去的绩效（"修复"）更有价值。
- 价值，如同美一样，评价因人而异。买方的感觉是决定是否有价值的唯一仲裁者。
- 价值可以量化（提高销量，提高市场份额，减少损耗），也可以定性（提高美感，增强安全感，提高舒适度）。
- 创造价值完全不依赖于时间。有句老话说："如果你做那件事会疼，那就停止不要做了。"这句话就提供了即时价值。
- 价值标准是变化的。美国高级连锁百货诺德斯特龙曾收回所有退货，甚至包括有汗渍的衣服和没有在该公司购买的产品。如今，它已经放弃了这一政策，取而代之的是更关心利润。

你的价值必须随着时间而发展。 而且，正如我所指出的，价值通常取决于高额费用！我们不会认为在街头购物车上以 12 美元的价格出售的宝格丽手表是真的。同样，人们不认为每小时收取 350 美元的咨询顾问是非常好的。

最后，不管客户陈述了自己想要什么，都要展示明确客户真正需求的过程，这有助于在以前认为低价值的地方创造高价值。领导层静修两天是一种商品，有竞争力的定价可能会到 5 000 美元，但做事的原因是需求（为什么要做？），是因为他们没有参与战略的制订流程并对其做出承诺，这就需要一项 100 000 美元的组织文化变革计划了。

你就是证明了为什么需要这样做的人。

现代价值感知的例子

我们都有已经形成习惯的价值认知,除非与之相对的真正的价值意义呈现在我们面前。记得我第一次使用车载电话,打给伦敦的一个客户,打完电话,我向妻子抱怨说电话线路上有静电干扰。

"艾伦,"她缓缓地说,"你是在车上和伦敦通话的!"喜剧演员路易斯·C.K.告诉人们不要抱怨飞机上拥挤的空间,他说:"您是在35 000英尺高的地方坐着一个五个小时内可以通达全国的座位!"一位20世纪30年代的电影明星通过观察发现:"喜欢使用火车的私人车厢是天生的嗜好,人们很快就习惯了。"

奢侈品的半衰期很短,一旦尝试或者使用第二次,它就会成为一种需求,然后是一种期望,最后就很少在你的关注范围内出现了。就像因为自动车库门的开启器发生故障,人们不得不在雨中行走才能手动开门,结果人们诅咒的是命运。

一个拥有优秀客户的咨询顾问的历史可能会是这样的:

我们需要艾伦·韦斯。

没有他,我们无法做到这一点。

艾伦帮了大忙。

艾伦有一些好主意。

如果没有那个咨询顾问,我们也可以做到。

谁是艾伦·韦斯?

因此,我们必须要有意识地,一丝不苟地在旁人眼中保持我们的价值,包括:客户和潜在客户。

多年来,企业通常是通过塑造品牌来做到这一点:

▶ 梅赛德斯:"制造工艺全球独一无二"。

▶ 宝马:"终极座驾"。

▶ 联邦快递:"当它必须一夜到达"。

- 美国海军陆战队："我们正在寻找一些好人"。
- 达美航空："达美准备就绪"。
- 联合航空："来吧，翱翔长空，感受温馨和温暖"。
- 拉斯维加斯："拉斯维加斯发生的事就留在拉斯维加斯"。

现代人们对价值的感知往往集中在以下几个方面：

- 速度。独立咨询顾问和精品咨询公司的优势是灵活性和敏捷性。在了解客户业务的同时，我们无需把300名按小时支付费用的咨询顾问拖上岸。这就是为什么基于价值的计费至关重要，因为我们的最大价值在于快速完成工作。大多数道路的限速很少会超过每小时70英里，但是大多数高端汽车的广告是最高时速为200英里／时，从0到60英里的速度只需3～4秒。

- 最小干扰。我们的客户要求我们对待他们的顾客时，不能让他们有不适，给他们制造麻烦。变化发生时（比如遇上大楼装修），无法停止业务，我们的工作需要尽可能做到无缝对接。如果你参观19世纪晚期镀金时代在罗得岛州纽波特(Newport)建造的豪宅，通常会发现隐藏在墙后的第二个走廊，这是供仆人使用的，目的是避免给居民和客人带来不便。

- 自主控制。大多数研究表明，工作中的人渴望自主，当人们认为自己可以控制自己的工作和结果时，所感受的压力要小得多。我们最好的服务是将技能传授给客户。这似乎在减少我们继续参与的需求，但实际上我们正在满足客户的一个重要需求——掌控，这会增加未来项目中我们的吸引力（这就是为什么我们需要各种价值产品的原因——参见第2章中的加速曲线）。

我们需要不断向买方展示我们的价值，并非常清楚地表明我们的角色对于项目成功至关重要。如果我们以咨询顾问的形式提供服务，那我们就不得不谈论过去项目的优势和影响。

我们需要使用推荐、案例研究和参考资料不断向潜在买家证明他们可以期望的价值。

最后，我们必须不断创造，发现并展示买家未曾考虑过的新价值。请记住，在每个公司目标背后都有一个个人目标，我们可以利用它来创造更大的满意度：

- 减少人员流动（我对所有面试都感到厌倦）
- 增加利润（我的奖金取决于超出利润目标的额度）
- 改善团队合作（我讨厌在团队之间担任裁判）
- 为客户创建远程访问（减少我的出差）
- 开辟新市场（以提高我的晋升机会）

我们越是追求和体现价值，我们就越能改善客户的状况，从而使我们的费用最大化。这需要基于价值的思维方式。

第 6 章

值得尊敬的咨询顾问

> 如何通过建立自尊来开创自己的实践

我的长达 25 年的全球咨询顾问指导经历已经证实，咨询顾问成功的关键变数是情感和建立自尊并相信自我价值的能力，这与效能完全不同。咨询顾问如果仅仅追寻喜爱时就会失败，但寻求尊重则会成功。

我曾经认为失败的问题在于资本不足，然后，我发现我完全错了。我总是惊讶于两个星期前我是多么的愚蠢！

决定成功的不是资本或方法论，而是自我价值感

你的自我价值感不能依据你上次的胜利或失败而定，它应该是一个常数，否则，你就像坐过山车一样，被事件和外部影响所掌控，而不是被你自己的优点所控制。

这样做的重要性在于避免"厄运循环"，在这种循环中，你失败了，对自己就失望了，进入下一个情况时感觉很糟糕，于是再次失败了，这会强化你的"失败"心态——你明白我的意思吧（见图 6-1）。只有拥有高度的自尊，你才能避免厄运循环。

相反的是，成功循环来自不断培养技能，这样你就能够在越来越多的情况下脱颖而出（图 6-2）。

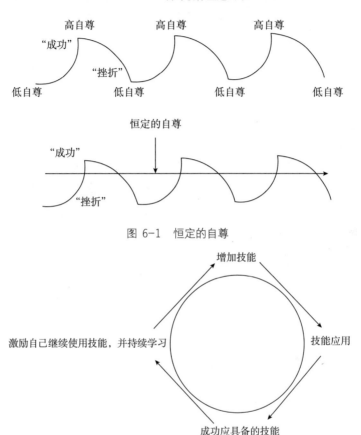

图 6-1　恒定的自尊

图 6-2　成功的循环

这就是效能——把事情做好的能力，与自尊、自我价值感的关系。我们中没有人总会"赢"，但我们中的许多人输了也不会觉得自己没有价值。然而，自尊与效能之间的关系并不是直接的，一个在同一个方向上变化的同时，另一个则是在不同的方向上连续相同的变化。作为独立运作的咨询顾问，我们必须在很大程度上成为我们自己的啦啦队队长和支持者。

我记得有一次，在经历失眠和焦虑的一晚后，我妻子对我说："你最好开始建立你的信心，因为今天晚些时候，你要去建立客户的信心！"

当我们的效能（表现）和自尊（感觉或价值）都很高时，我们就有一个健康的生活（图6-3）。然而，许多人觉得自己好像是"骗子"，因为他们表现得很好，但不相信自己真的很好，只是暂时走运而已，所以害怕被"发现"。（许多获得奥斯卡奖的演员都担心自己是否还能再演戏。毕竟，他们之所以获奖，是因为他们扮演的不是真实的自己。）近几十年来的书籍记载的研究表明，大多数成功的商人、运动员、娱乐界人士等经常感觉自己是骗子。

图6-3 自尊与效能的关系

当你有很高的自尊感，但表现不好时，你就是众所周知的"徒有其表"（在得克萨斯州称为："大大的帽子，却没有牛"）。这很容易发展为自恋、傲慢、自大、说空话和失败。

最后，当人们觉得自己既不能胜任工作，也不值得去做时，就会产生不满情绪。法国人说的"反常状态"意味着对社会不满，甚至有一种自杀叫作"社会道德沦丧的自杀"。

培养你的技能将有助于建立你的自我价值，这对独立顾问和小公司老板来说是绝对必要的。但是你也可以建立一个关系网。

如何以独行侠的姿态创建一个"团队"

在你的新公司里，你需要一些"同伴"。有些人喜欢雇用较多的人员，他们很可能会雇用至少一个兼职助理，或者租用一套共享的办公室，在那里有一个共同的接待员和其他专业人士。这些行为都是合适的，但过于昂贵，而且这样做只会使事情复杂化。（在我的整个职业生涯中，我都是在家里的几间房子中工作的。）

你的"团队"成员毫无疑问可以包括：

(1) 家庭。在餐桌上讨论工作和获得建议并没有什么错，甚至是和你的孩子一起讨论。如果你有配偶或其他重要的人，我强烈建议你在每天结束时"汇报"一下，哪怕是几分钟，让他或她了解你的职业状况。如果你独自生活，那就继续读下去。

(2) 同事。寻找知心朋友，他们不必是咨询顾问。你可能会发现任何类型的企业家都是合适的：建筑师、设计师、教练、会计师、律师，任何创建了自己公司的人。我不推荐行业协会里的人，那里的会议通常需要每个人谎报自己做得有多好。召集非正式的聚餐、喝酒等一些休闲活动。如果你们有相同的兴趣爱好，比如参加俱乐部或慈善团体，那就更好了。

(3) 创建一个顾问委员会。比如说，一个季度请大家共聚一次的晚餐。不要让你的律师和会计师进入这个委员会，因为这些职业经常受到糟糕的商业判断和按小时收费的困扰。你可以在会议间隙单独给他们打电话，征求他们的意见和建议。

(4) 参加志愿者的工作。结交做慈善工作的朋友，支持艺术团体，或为自己喜欢的事业无偿提供帮助。（这也满足了网络营销的目的。）

(5) 结交网友。使用 Skype 和类似的技术进行比电子邮件甚至电话更私密的互动。在社交媒体上加入群组。加入聊天室或专业网站，或在别人的博客上发表评论。

无论你做什么，不要混淆尊重和喜爱。你需要的是支持你和提供意见的团体，而不是无条件的爱。如果你需要后者，那就养条狗吧。

你在图 3-1 中看到了信任金字塔，这种信任有许多级别。你是值得信任的，因为有值得信任的第三方推荐你；或者其他人可能会立即相信你明显的专业技能，就像你的写作、演讲和口碑所展示的那样。然后是信任的归属需要，你和另一方友好地相待，因为你们有一些共同点，在一起感到舒适。

当我们继续前进时，我们会得到在才智方面的尊重，别人会对我们的思维、认知能力、推理能力、解决问题等能力印象深刻。但在最高层次上是基于情感联系的信任。

> 经验之谈：逻辑让我们思考，但情感让我们行动。

与真正的买家建立同级关系

获得信任的意义在于，你可以就我们在第 5 章中讨论的建议达成概念性的一致。有了信任，人们更容易做出决定。这就是品牌之所以如此重要的原因，因为消费者对可口可乐、麦当劳或阿联酋航空的产品或服务很有信心。这就是为什么高管们在需要战略帮助时，会本能地打电话给麦肯锡。这就是我在苹果电脑上写这篇文章的原因，我用他们的产品已经用了 30 年了，而且我在很多年前就使用他们的个人电脑来处理我的所有工作。

对等关系是基于图 3-1 中金字塔的顶点。它们是情感联系的核心和灵魂，它们可以加速行动，而不仅仅是商讨。但绝大多数咨询顾问，不管新手还是资深人士，都很难与高管买家处于对等关系中。（我们这里只讨论买家，而不是人力资源人员或采购代理。）

坦率地说：在我们的生活中，我们都曾被庞大的办公室、墙上的纪念品、秘书、行头、头衔和地位吓倒过。这在很大程度上源于这样一个事实：我们大多数人都是从组织等级制度中逃离出来的，我们经历过并受到了等级制度的制约。但当我们开始创业时，情况就不同了。

你必须把自己描绘成一个博学的专家，贡献出客户公司没有的价值。不然买家为什么要花时间跟你谈？具有讽刺意味的是，买家在你进门时就赋予你权力，而你很可能就轻易地把它扔掉了。你不必通过炫技来赢得买家的信任——你只需扮演他或她认可的专业人员就可以了。

以下是我的最佳实践，让你成为思想和身体真正站在买家立场上的专业人士：

- 着装部分。确保你有合身的西装和合适的配饰。不要拿出一支 29 美分的圆珠笔，买一个好的品牌。让你的头发、指甲和妆容保持整洁。
- 不要成为背包动物。如果你有回程的行李，一件厚外套，或电脑设备，把它们放在衣柜里或接待员那里。去开会时只带一个小记事本和日程表。记录会议时，人都会紧张，所以在小型设备上快速输入信息的准确度可能不够。
- 懂礼仪。客户没有邀请你坐下，那就站着。握手的时候要有力度，并且保持微笑。拒绝食物和饮料，因为你不是来体验烹饪的，如果你把它们洒了，你最好从窗户跳出去，赶紧逃走。
- 休息。不要频繁出现在机场或参与连续的会议。在平时休息的时候吃一顿像样的饭。
- 照照镜子。在你走进办公室之前，先去趟洗手间。看着镜子微笑，确保你的牙齿上没有午餐的食物，你的头发保持整洁。女士应该补妆。检查你的衣服，看看有没有沾染杂物。

▶ 保持冷静。不要一开始就进入"展示模式"。(在与买家一对一的会面中，永远不要使用任何形式的幻灯片。) 你可以慢慢地说，不要中途打断别人的说话。(在下一节中，我们将讨论如何控制对话。) 不要表现得好像你在考试中试图得到正确的答案。要与买家进行对话，而不是一味地"推销"。

> **经验之谈**：你不需要创造太多的行业信誉，只要警惕不要丧失它。

问问自己同龄人的行为。你如何对待你认识的同龄人 (不是一辈子的朋友，而是普通的平等的人) ？你表达自己的意见，然后倾听他们的意见。你们使用了一个很容易理解的共同术语。你们很乐于分享兴趣。你关心的不是被喜欢 (从属)，而是相互尊重 (尊敬)。你们不太熟悉，也不认为他们和你有共同的兴趣爱好，但你也不冷漠，你很容易参与谈话。

最后，别把你的习惯和原则混为一谈。我很高兴有个同行讲一个关于咨询顾问的笑话，就像自信的律师喜欢幽默地说他们的职业一样。但我不能容忍对我所做的事进行贬损性的评论。我会接受"咨询顾问来研究解决问题，然后成为问题的一部分"的说法，但我不会接受"你真的在玩诈骗，对吧？"

同行之间互相尊重。

语言和自我对话的武术

在武术中，大多数情况下，想要让自己处于有利位置，你需要利用对手的重量和冲力，这使得即使是小个子男人和女人也能战胜更强大的敌人。

这也使得小型咨询公司能够在与大公司竞争中获胜，能与更

第 6 章 值得尊敬的咨询顾问

大的竞争对手抗衡。

这里有一个例子：我被介绍给一家大型、少数人持股公司的一位高管。他说，他很高兴看到我帮了朋友的忙，但是，"我们公司从来没有聘请过外部顾问，也从来没有打算这样做。"

好！你会怎么说？你可以声称说你可以说服他，或者只是为了让朋友满意而聊聊天，或者为了节省时间和精力直接离开。所有这些应对策略都是笨拙和无能的。

我会说："你会惊讶的，我的许多最好的客户都是以完全相同的方式，一字不差地开始和我交谈的！"（没有人朝我开枪，我不能因为受挫而离开，这是这种情况发生时应有的心态。）

这个过程我称之为"换框"。如果我采用了他的参考框架，我将处在一个无法被雇用的情况，所以把它改成了我的参考框架：你身边有很多人成为我的客户。

> **案例**
>
> 作为一名工作经验丰富的咨询顾问，我曾被要求参加惠普的一个会议，该公司将在会上选择一名咨询顾问，帮助实施安永(Ernst & Young)刚刚为惠普制订的重组计划。另一位候选人是安永团队，该团队是这家机构的合伙人。
>
> 惠普团队提出了帮助人们更好地适应环境的目标，并要求我们做出回应。安永团队的人说："你想先来还是后来？"我假装考虑了一下，说："你先来，你是我的客人。"
>
> 他接着说明了如何使用模型来确定哪些员工被分配到新结构的哪个位置。然而，这是一家奉行"惠普方式"的公司，员工在各个层次都受到高度尊重。我看到有人盯着天花板。

当他讲完后，我小心翼翼地聚焦在解决让人们参与进来的问题上，并阐述在过渡过程中如何支持他们。我知道，只要我不把咖啡洒到委员会主席身上，我就能完成任务。

都是因为一个词：第二。

使用语言来诱导、说服和影响他人。记住下面的顺序：语言控制讨论，讨论创建关系，关系决定业务。下面是一些进一步的例子：

- 当你被问及你的意见或建议时，使用一个有编号的列表。"人们离开公司有三个原因，而且通常是离开上级，而不是离开公司。"
- 问一些强有力的反问句。记得里根在竞选总统时，曾在一场辩论中问："你比四年前过得好吗？"
- 扭转异议。"你们是一家小公司，而我们与大型咨询公司打交道。""这正是你需要我的原因：我一次只接几个客户，我的费用不会让你有巨额的开销，你可以随时、不受限制地找到我。"
- 提供选项。（我在前面讨论过这一点。）如果需要召开另一个会议，你可以这样说："我可以在周五的同一时间回到这里见你，或明天早上 9 点通过 Skype 聊，也可以这周的任何一天的 2 点通过电话聊。你觉得哪个最适合？"

使用正确的语言可以加速你的进步，并排除异议。这是你工具包中最强大的工具，它是免费的，并且可以不断扩展。

到目前为止，我们讲的都是为别人准备的外部语言。还有另一种强大的语言，是为你准备的：积极的自我对话。积极心理学在过去十年左右的时间里兴起，证明了我们自己对自己说话的方式是多么重要。

如果我们觉得能找到工作是"幸运的",那我们就是在贬低自己。我们应该谈谈我们杰出的工作和才华。我们不能再问:"他们为什么要听我的?"而应说,"我知道怎么让他们听我的。"

我们用来描述自己和结果的词语会影响我们的行为,而这种表现会影响他人,从而产生积极的或消极的影响。徘徊在边缘不愿参与谈话的人是在对自己说:"我对这次讨论贡献不大,我没有可信话题。"而急于开口的人会说:"等他们听我的好主意吧!"

当某件事失败时,很多人都会做"事后分析",他们想找出问题出在哪里,我甚至在成功的时候听到过这个词。我们真正需要的是,在成功后,要找出做对的事情以及原因,然后告诉自己你的角色是什么。

> **经验之谈**:知道你为什么优秀比知道你优秀更重要。

积极的自我对话不是吹嘘。它是后天习得的成功(与后天习得的无助相反),是受害者心态的对立面。这是我推荐给我辅导过的每个人的一个练习:当你早上醒来时,以及在你晚上上床睡觉前,告诉自己一些有关你的才能和成功的强大论据。可能是你能够确认一个难约的约会,或者你成功地主持了一次会议,或者你在一个重要的项目上帮助了你的配偶。

如果你只花30秒,一天两次,去关注这些问题,你就会有更积极的看法,也会有更多的自我对话。

案例

我在帮助琼,她是提升银行品牌表现的专家。尽管有成功的记录,但她没有收取足够的费用,并总是担心下一个买家会觉得她不合适,是个冒牌货。我问她为什么。

"我大学没毕业，"她解释道，"我甚至比我看起来还要年轻，而且做这个银行业务也是意料之外，我没有特定的金融背景。"

"买家是怎么知道的？"我问。

"哦，我告诉他们的，"她说。

注意你的语言，不管是对自己还是对别人！并确保在你的业务发展过程中，你通过做出必要的改变来让自己进步。

密封水密门

随着我们经历职业生涯的各个阶段，我们必须调整自己的习惯、行为和信念。如果我们不这样做，我们就不能充分利用新的风景，就像有一个美丽的草坪，因为割草机的价格昂贵，我们就不想去修剪它。

我曾经和一些有钱人打过交道，他们在不适合交易的时候寻找交易，或者把朋友间的晚餐支票看作一条眼看要进攻的眼镜蛇那么可怕。我和一位百万富翁开发商共进晚餐，他吹嘘说，他平时喝的葡萄酒每瓶仅需 1.80 美元（尝起来和这一样），并在他的大房子里演示了他是如何避免更换破旧家具的。多年后，他死于一场离奇的水上飞机事故。我确信，他从来没有真正享受过自己的生活，也从未认真对待过自己在生活中的地位。

当人们最常赋予某人的形容词是"廉价"时，这真是太遗憾了。

但我所说的进步不仅仅是关于钱。重要的是你的行为和举止要"值得尊重"，这被别人视为成功。

让我们来理解图 6-4 中的步骤：

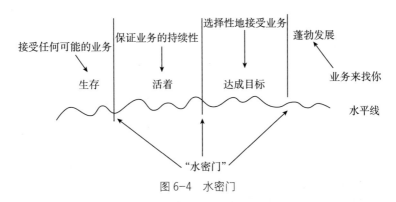

图 6-4　水密门

1. 生存

这相当于马斯洛著名的需求层次理论中的基本需求[①]。当我们开始我们的职业生涯时（我就是在被解雇后开启咨询顾问之旅的），我们通常都是这样做的。我们当前关心的是"糊口，维持生活"。我们将接受任何可能的业务。我以每小时 20 美元的价格来帮人做简历和评论。我想，如果我在挣扎，那么一定有其他人在挣扎，我可以帮助他们！

当我们仅仅是为了生存——没有银行存款，居无定所，没有稳定的客户，我们会做任何需要做的事情来维持我们的家庭。

2. 活着

在这个阶段，我们已经与客户建立了业务，我们处于后期创业阶段，我们可以维持自己的生活，虽然我们的储备和自由支配资金仍然很少。会计师可能会称我们为一家可持续经营的公司，

---

① 参见他的著作《动机与个性》（朗文出版社，1987 年）。

在这里,账单得以支付,不可避免的债务是可控的,我们能够建立长期客户关系,找到并获得新的业务。

> 经验之谈:如果你想走向富足的心态,你必须做出重大的、深刻的改变。

3. 达成目标

当你处于"达成目标"期时,你可以获得选择性的业务。你可以确定理想的买家,并吸引最适合你的热情和专业知识的业务类型。你的业务通常是通过推荐而来,你开始在业界变得出名。在你的领域里,你是一个众所周知的竞争对手,并具有影响力。

4. 蓬勃发展

你现在是一个思想领袖,一个受关注的对象,一个被客户寻找的人。你不再需要说,"我很想和你一起工作。"因为潜在客户会问,"我怎么才能和你一起工作?"费用和信誉不是问题,因为你的声誉非常重要。想想几年前拥有硬件的IBM,或者最近拥有战略的麦肯锡。你可以自己定价,客户会来找你。

随着业务的发展,你可以实现不同的层次。但是,除非你改变你的朋友、同事、会员身份、信仰、行为等等,否则"水密门"就不会稳固,你就会倒退回到以前那种更匮乏、更贫穷的行为中。

案例

当我被一个可怕的、暴虐的老板从他的公司总裁位置解雇时,我对我的妻子说,我想要自己出去创业,永远不要再被一个心胸狭窄的白痴解雇。她同意了,但我得认真点对待此事。

我告诉她有一项重要的规定。我只坐头等舱,坐豪华轿车，还得买两套非常昂贵的西装。她提醒我说我们的钱很少，并问为什么这件事这么紧急。

我解释说，如果我想要和我心目中的那些精明的、高水平的买家打交道，我必须要自我感觉良好，不能去的时候满脸皱纹、疲惫不堪，也不能坐租来的汽车或出租车。我想在我们拥有富足之前就采取富足的心态。

她同意了，我们坚持这么做了，所以，现在你正在读这本书。

你得把水密门砰地关上并用木条堵住。你不能回到以前的成就水平，当你回到生存模式时，你就应该减少奢侈品的消费，但这对你会很难。

迈克尔·维克(Michael Vick)是一名出色的四分卫球员，赚了数百万美元，可是他因为策划了非法格斗这种令人发指的行为而入狱。他从来没有改变过他的朋友，他仍然和那些出身贫寒的人交往，这些人一直在做这些事。虽然他很有天赋，也很富有，但他的行为既不恰当，也不合法。

你承担不起不改变的代价。

如果你想拥有并受益于富足的心态：

- 结交那些心态富足的朋友，减少和那些心态贫乏的朋友在一起的时间。
- 永远善待自己。
- 不要在需要的时候把钱取出来，而是要确定你在哪里能赚到钱。
- 最重要的是，记住你总是可以再挣一美元，但你不能再多挣一分钟。

第 7 章

网络空间的咨询顾问

> 休斯敦，别有问题

  这不是关于 IT 咨询的章节。这一章讲述的是如何成为一名能在互联网上进行大量营销的咨询顾问。事实上，在这本书第 1 版出版后的 25 年里，以及第 4 版出版后的 6 年里，我们的生活中没有什么比网络空间的变化更大的了。

  我写这章的目的不是让你跟上当下的新发展，因为它们明天可能就会过时了。更准确点说，我的目的是为你提供实用和有帮助的实践经验，让你可以更好地利用现有的及未来的技术。

真实的观点：这是一项关系业务

  技术起到的是增强作用，不是替代，在这本书中我始终坚持这个观点。

- AlanWeiss.com
- AlansForums.com
- ConsultingSocicty.com
- ContrarianConsulting.com
- AlanandtheGang.com

第一个是我的网站，第二个是我的全天候的全球交流论坛，第三个是我的咨询促进会网站，第四个是我的博客，第五个是我专门为最活跃和重要的客户而设立的网站。

我也发布：

- 墙上的文字®(The Writing on the Wall®)（每月免费视频）
- 艾伦的周一早晨备忘录®(Alan's Monday Morning Memo®)（每周免费电子通讯）
- 面面俱到®(Balancing Act®)（每月免费电子通讯）
- 百万年薪心态（每月免费电子通讯）
- 百万年薪专业心态（季度付费视频）
- 个人价值的力量（每周付费视频/音频/期刊）
- 导师电子通讯（每月免费针对导师的电子通讯）

在不同的时期里，我已有另外六个付费的订阅视频，现在我有两个 YouTube 频道和大量的会员订阅，他们可以访问我发布在媒体上所有的工作内容。

我们进行了移动视频会议、交互式网络研讨会、各种电话会议和播客，我通过 Skype 进行全球指导，并且，我们把所有的历史记录都转换成了可下载的内容。

公平地说，受全球技术和互联网发展的影响，我在这方面的实践一直非常活跃。我使用了一家业内专业公司(chadbarrgroup.com)来支持我处理这些繁杂且不断重复的内容。

打个比方，将互联网的使用比作出版。出版商希望我们写书来提高图书销量，我们想出版书籍来吸引新客户。这是两个不同的目标。

同样的，技术专家和权威们希望我们使用网络，因为这会为他们赚取咨询费。我们在一定程度上应该是利用网络来帮助我们吸引新客户。

例如，一个服务公司的咨询顾问（不是从事"零售"业务的房地产经纪人或保险人员）的网站就是一个信誉声明，通常是买家在听说过我们的介绍，或读过我们的一些资料，或被介绍之后才会来访问。网站不是针对企业买家的销售工具。企业买家一般是在同行推荐的基础上做出专业的服务购买决策的。因此，浏览的买家可能是想看你的简历，或者想知道你咨询过哪些客户，仅此而已。

网站的主页是最重要的方面，它应该包含以下内容：
- 你的姓名或公司名称和照片
- 典型客户案例的简要列表（10至12个）
- 买家的推荐信，最好是视频和简介
- 你的价值主张

当你读到这篇文章的时候，已经有成千上万的人已经读过这篇文章，他们准备拿着干草叉和火把向我进攻，要对付我这个异端分子，还有人写信给我的出版商，或者在亚马逊上用评论把我撕成碎片。

我不在乎，我来这里是帮助你成功的，不是来取悦互联网之神和他们的追随者。

在本章的后面，我将讨论具体的实践，分析对你的帮助和可能的损害，并提出建议。现在，我要先强调，这是一个受人际交往影响最大的商业关系，而不是受技术手段影响，你不应该拿第二笔抵押贷款来建立或不断更新你的网站。

大多数买家永远不会看到你的网站。我曾经和那些赚了超过500万美元的咨询顾问一起工作过，但他们没有网站。我也见过成千上万个有这样网站的咨询顾问，可是他们赚的钱很少。

> **经验之谈**：你应该利用互联网进行营销和交付，而不是向新客户进行销售。

我们都知道，市场营销（创造需求）和销售（提供满足需求的替代方案）是有区别的。最有效的市场营销像是在传福音，也就是我上面提到的创造点对点推荐的口口相传，这可以刺激你在互联网上的存在感。当你亲自与最终购买决策者打交道时，交易本身就会发生。

现在有太多的人给出了太多与企业咨询顾问无关的关于互联网的建议，比如点击弹出菜单购买国外廉价信息列表，订阅列表中出名的电子通讯来增加 SEO（搜索引擎优化，我想说"真的，很令人讨厌"），和其他类似的乱七八糟的废话……这只为那些给你关于互联网糟糕建议的人创造了市场。

社交媒体平台

请注意，这里说的不是所谓的"商业媒体"平台。（我们在下一节讨论商业媒体平台会是什么样子）。人们在揭穿社交媒体所谓的"营销能力"时需要承担一个风险，即被贴上某种勒德分子(Luddite)（指害怕和厌恶技术的人）的标签。然而，技术的存在并不意味着它就一定适合你的市场需求。

我不会建议你用广告牌来推销你的咨询（事实上，我最近说服了一个人放弃了 2.5 万美元的广告投资）。我也不会推荐空中广告、有线电视购物广告、报纸插页或电子游戏来做推广。我强烈建议你不要在与买家开会时看你的苹果手表，也不要试图调出你觉得需要的信息。在初次见面的会议上对着 iPad 喋喋不休从来都不是一个好主意，即使是与苹果公司开会！

因此，在预见到人们可能的愤怒后，让我从社交媒体平台和替代品的好处开始说起。从 YouTube 到脸书(Facebook)，从领英(LinkedIn)到推特(Twitter)，从 Instagram 到我写这篇文章时正在发明的任何东西。（我正在等待进入埃隆·马斯克的大脑。）

好处

- 在一些平台上，尤其是领英，你可以直接访问你的联系人。因此，在你和你要联系的人之间没有秘书、助理或其他过滤器。

- 人们很容易从共同的朋友和联系人那里寻求推荐，也很容易找到这样的连接方式。
- 比如在推特上,将价值推广文字限制在140个字符以下(如果你想被转发的话,就更少),这是一个值得发展的良好特质,要养成每天都这么做的习惯。
- 如果你从事的是"零售业务"(例如,销售给个人,而不是公司,给公司我认为是"批发"),你可以通过帖子、定向广告和代言极大地扩展你的影响力。我相信房地产、保险、设计、家庭服务、会计、法律、汽车销售等等都合适这么做,教练、咨询、职业发展、形象提升等等也是如此。
- 你可以设置自动模式,这样你就不需要每天花时间来发布。
- 你可以找到志趣相投的伙伴和潜在的联盟伙伴,特别是通过远程可以在全球范围内寻找。
- 你可以在旅行的任何地方使用手机。
- 社群非常受欢迎,有些群只有十几名成员,有些甚至能有三万名成员,如果他们能为你的发展提供价值的话(不仅仅是聊天室和话题中心),他们是可以提供帮助和大量信息的。

现在让我们来看看社交媒体的一些缺点。

缺点

- 企业(批发)买家不会使用社交媒体平台来寻找咨询顾问。他们绝大多数都使用同行的意见进行参考(当然,他们可能会通过互联网访问和咨询这些同行,但这无关紧要)。
- 对于社交媒体推广的力量,不论你提供何种服务,也不论你寻求何种买家,纯粹的胡言乱语真是让人应接不暇。数以千计的"互联网营销专家"和"社交媒体权威人士",他们唯一的荣誉就是这个头衔,他们自己从未成功地销售或营销过任何其他东西。他们是铁锤,并将其他一切视为铁钉(套用亚伯拉罕·马斯洛的话)。就算买家不使用互联

第 7 章 网络空间的咨询顾问

网寻找你提供的服务，你仍然可以通过搜索引擎优化收到十几封来自印度的电子邮件，而这些跟你的业务毫不相关。

▶ 潜在的时间浪费得非常严重。在社交媒体网站上，我们很容易被下面的视频分散注意力：短吻鳄跳上船的视频、对茫然的政客们愚蠢声明进行愚蠢的辩论、新生儿或濒死体验的照片。

▶ 你会迷失在嘈杂中。在领英上，每天都有成百上千篇关于相同主题的文章(比如《倾听的五个步骤》)。每个在领英上发表文章的人都像是一群类似野兽的人。参与任何社交媒体平台都没有内在的可信度。那些做得很好的人，并立即被追随、支持和相信的人，是那些已经存在的、主导市场的品牌：塞斯·高汀(Seth Godin)、盖伊·川崎(Guy Kawasaki)、马歇尔·戈德史密斯(Marshall Goldsmith)、丹·平克(Dan Pink)和我。社交媒体创造了贾斯汀·比伯(Justin Bieber)，但他们并没有为咨询公司创造强大的品牌。

鉴于此，我的建议是，利用社交媒体平台为自己谋利，而不是损害自己的利益。举个例子，我每天早上在推特上发三次帖子，大约需要 60 秒：

> **艾伦·韦斯 @BentleyGTCSpeedB2h**
> 2 小时前
> 交付内容(引导、培训)是廉价的商品。
> 成果是高价值的结果。你的费用依据什么来计算?
>
> **艾伦·韦斯 @BentleyGTCSpeedB3h**
> 3 小时前
> 如果你自己不吹号角，那就没有音乐。——艾伦·韦斯
> 没有人能像你这样推动你自己。

这里有一个促销推文的例子：

> **艾伦·韦斯 @BentleyGTCSpeedB2h**
> 2 小时前
> 在打关键电话之前，先听最动听的声音。

如果你想要展示关于你的价值、个人 IP 和独立思考的例子，你便能够快速且轻松地做到这一点。

> **经验之谈**：如果你投入大量的时间在社交媒体上，你的投资回报率会很小，但如果你投入的时间很少，投资回报率就会很大。

艾伦的10条社交媒体指南

（1）严格限制你每天在所有网站上的时间不超过一个小时，除了纯粹的娱乐，这不应该发生在你的工作时间内。

（2）不要在这些网站进行验证。我根本不在乎有多少人关注你，或有多少人与你有联系，或有多少人是你的朋友，或有多少人观看过你的视频。看在上帝的份上，忽略你的 Klout 分数。[①]（译者注：Klout 是美国社交影响力打分平台，2018 年倒闭。）

（3）测试你的知识产权和新想法并积累经验。忽略那些对所看到一切都进行批评的人，倾听那些合理的回应和建议。

（4）当你找到有能力和愿意介绍你的人时，使用合适的平台，让他把你引荐给企业买家。

（5）停止冲动发帖。永远不要因为生气、怨恨或愤恨而发布任何内容。当事情变得尴尬或不愉快时，具有病毒性的传播效应是令人震惊的。

（6）别以为你把自己的私人生活和公众生活分开了。社交媒体

[①] 模糊的精英主义者试图用转发、访问、回复等指标来显示你的"受欢迎程度"。尝试用你的 Klout 分数来偿还贷款，看看它在银行能带来什么样的影响。

上的发帖毁掉了数以千计的商业关系，而这些帖子的发起者做梦也没想到会被业务上的同事和客户看到。因此，发消息的前提是，你需要假设所有人都能看到你刊登或发布的内容。

(7) 毫不留情地设置屏蔽、取消好友、取消链接等操作。如果你发现粗鲁、亵渎、大声喧哗或有其他令人讨厌行为的人，把他们赶走，不要觉得这样做不好意思。我经常删除那些使用淫秽词语的人，那些在每一棵树背后都看到政府阴谋的人，以及那些使用侮辱性字眼和粗鲁的人。我也会删除所有广告和促销。

(8) 观看他人的 YouTube 视频，了解最佳制作技术、主题方向、时间长度、价值等等。

(9) 考虑创建自己的团队，特别是你有一个专业或聚焦的方向时。如果你提供了足够的价值，并吸引了一些成功人士，你就有可能把团队成员尝试转化为商业媒体(见下文)，甚至是实际业务。

(10) 如果你做广告和推广，仔细监控你的支出和转化率。"浏览"或"点击"的数量无关紧要，只有实际业务才算数。这些平台都有一个让人讨厌的共同特征，那就是让你持续追加广告投入，以"改进"销售，随着时间的推移，成本会急剧增加，所以你需要去追踪你的实际投资回报率。

商业媒体平台

社交媒体有很多，但商业媒体平台却少之又少。你会发现社交媒体上随意地讨论业务，你甚至会发现有专门的群组，但确切的说，这些都是围绕社会动态非正式的补充。领英每天都有成千上万的文章出现，但大多数都是大家都知道的东西("关于员工激励的六个误区")或无聊内容("为什么你的会议很无聊")的无聊复述。

当我在谷歌搜索"商业媒体平台"时，首页的条目中都有"社交媒体",点击量有4 600万,随机搜索了几十个页面,"社交媒体"占据了压倒性的优势。这是什么意思?

这意味着互联网还没有很好地适应纯粹的商业需求。例如,人们可能会在领英上吹嘘说,你不用通过秘书、助理和网络的筛选就能找到与你有关联的人,但这就像刚从医学院毕业就吹嘘自己能找到合适的创可贴一样。

当然,也有商业在线订阅,但这些只是复制纸质新闻媒体。还有一些博客,比如《福布斯》《赫芬顿邮报》或《哈佛商业评论》。问题是,它们大多很糟糕,有些专业的博主什么都不做,只是为这些组织写稿子,但他们不是有学问的商人。还有成百上千的顾问和其他人轮流担任博主,不过他们中的绝大多数人都很感激有机会将自己的名字与媒体的名字联系在一起,他们通常不是思想领袖或专家。

这些博客文章没有经过审查,也没有经过同行评议,它们只不过是那些缺乏经验的人的观点,而那些寻求新观点的读者往往同样缺乏经验。

因此,比较好的做法是,你必须先明白做这件事的目的,然后再定义自己的商业媒体。这可以是你自己的博客(我的是 http://www.contrarianconsulting.com),也可以是你为对话和辩论创建的互动网站(我的是 http://www.alansforums.com)。我的建议是,你可以抓住机会利用商业媒体建立自己的展示平台。

以下是创建自己的商业媒体平台的先决条件,该平台将吸引其他人,这些人进而吸引更多的人("应用程序"原则):

(1) 网站必须易于导航,并将你的其他媒体(如网站)相链接。保持界面整洁和指令简单。如:发布、搜索、保存、查找其他等。

(2) 确保你可以轻松地在网站上发布文本、视频、音频、照片和图形。你不能每次想增加或更改内容时都得经过技术人员的检查。

(3) 允许所有成员发表评论,但保留编辑和删除任何条目的权利。设置一个程序功能,以便在必要时拒绝任何应该被开除的人进入(因为亵渎、抄袭等)。

(4) 你必须每天去,最好是三次或三次以上,发布文章、问题、测试、案例研究等等,回复他人的帖子和问题。你必须每天植入个人 IP 和价值主张。①

(5) 允许辩论和争论,但绝不要无礼。

(6) 不要认为所有人都必须同意你的观点,要坦然面对那些糟糕的建议和不充分的例子。

(7) 创建各种主题"版块"(市场营销、费用、全球业务等等)来保持与相关"线索"的联系。

(8) 为你的客户及潜在客户提供免费入场券。也可以收取年费或终身会员费。

(9) 不要让它成为聊天室或八卦专栏。

(10) 尽量保持一定的参与度。记住,高层人士不喜欢与低层人士打交道。

(11) 每天提供大量免费的有价值的内容。即使你不在场,也可以为你赢得信誉。

> **经验之谈**:让你的业务平台主要专注于业务,并确保访问者每天都能找到实用、有价值的想法。

以下是我在论坛上讨论内部简报的一个例子:

> 今天早上我接到了一个教练电话,提到了我例行常规做过的一件事,但显然这件事引起了不小的轰动,我开始怀疑,在我的亿万文字中,我是否费心的描述过这件事。
>
> 有人问我,如何确保你能从内部候选人中找到你目前买家的继任者,或者其他潜在买家的继任者。我的回答是:

---

① 最近我的论坛服务器出了问题,关闭了几个小时。当天早上,我收到了来自世界各地的电子邮件,提醒并告诉我,他们正在错过每天的"修复"。

> 举行内部的免费简报会。告诉你的买家，最好能向他的直接下属及同事简要介绍目前项目情况和你主要使用的方法，这是"免费的"。(不要在你的建议书中提到这一点。) 我曾经在非常大的客户中这样做，买家对我这样做感到非常意外，因为我们有时会在下班后或在医院交接班时做，一旦消息传开，我可以提供很多有用的信息／娱乐／幽默／迷人(选择四个中任意的一个)，我想每个人都会想参加简报会。
>
> 只是一个想法，很简单，但也许我从没提过，可以将其类比为"内部早餐"会。
>
> 艾伦·韦斯

> 艾伦，
>
> 当你谈到内部人员汇报会时，我想弄清楚，会议的内容是什么？你会采用的最成功的汇报方式是什么？
>
> 谢谢！
>
> 安德鲁

> 汇报项目情况，我使用的方法和进展状况。小组：一张会议桌。大组：教室座位。巨大的群体：礼堂。
>
> 艾伦·韦斯

> 太棒了。谢谢。
>
> 对经济型买家的附加值是什么？
>
> 炫耀？自我价值感？
>
> 还是更重要的，通过内部教育来创造认同和善意？
>
> 杰弗里·斯科特

你怎么想？
- ▶ 获得承诺
- ▶ 为他人提供教育/成长
- ▶ 展示他/她带来的资源有多优秀
- ▶ 发现问题，找出想法
- ▶ 激励贡献和创新
- ▶ 招募志愿者
- ▶ 发现任何不可预见的风险

谢谢艾伦。这真是太棒了。

我觉得这是金在我们的发展例会上经常谈论的事情……通过分享他们的行动成果，帮助我们的买家成为内部明星，这也是我们被组织中其他人了解的一种很好的方式，我现在就想到手上有两个项目，在最后可以做这件有意义的事情（对于我的买家和我自己）。

你是在加入公司之后还是之前提到过这个问题？

西玛·利伯曼

你应该将其定位为给买家带来意想不到的好处（如上所述），也正好把你介绍给未来能够让你提供帮助的人。

艾伦·韦斯

伟大的艾伦。我只记得有两个这样做过的例子，而且两次都很成功。有一次在客户组织中带来了相当大的关注，并带来更多的工作。这个帖子促使我把它变成一个更有意识的、深思熟虑的建议。

安德鲁

> 这对我来说非常及时。我看到好几年的工作成果因为高层管理的转变而分崩离析（我的经济型买家和项目发起人离开了公司——项目已经完成）。这些年来，我在另外两家大公司也看到过类似的情况（不是我的客户），伟大的成果被那些想要取得自己成就的新人破坏了。也许用艾伦的方法我可以帮助我的客户避免这种情况。
>
> 瑞克

> 一般我在这方面做得很好，这也为我带来了大量的回头客。从来没有发生过，因为有人离职、升职或其他事情发生了可能破坏项目（如果没有提前付款）或影响未来业务的事情。不过我对这类事情发生的频率感到惊讶，事实上，这个问题昨天又出现了，而且是在我完全没有预料到的情况下出现的。
>
> 在我意识到内部汇报会对业务的价值之前，我一直遵循这条路径，因为我认为这是获得一致性和确保实现成功的好方法。
>
> 丽莎

在这个高度实用的主题中，我们邀请了来自四个国家、五个学科的人，在全球范围内不同时差下讨论此主题。一旦你处在这些主题探讨的中心，你就是你商业世界的中心。

优先事项和浪费时间

以下是一个关于聪明地使用和不规范使用社交媒体网站的对比。这是一个不科学的，无文件记载的，可能不受欢迎的分析。

我正在指导成千上万的人,他们在社会媒体和传统营销的各个层次都很活跃。请称我为"社交媒体之王"。(这让我想起尤金·菲尔德对《李尔王》一位主演的一篇精彩评论:"他饰演国王,就好像他本来就是个王。")

以下是我的观察。

如果人们每天访问领英两次,每次 15 分钟,那么每周五天工作日就是 2.5 小时。(我不考虑周末,尽管我不应该这么做,因为在社交媒体上闲逛显然是一种全职的业余爱好者,但在这里我想保守点估计。)

如果他们每天访问脸书四次,每次 10 分钟,大约是 3.3 小时。

如果他们每天使用推特 6 次,每次 5 分钟,那就是 2.5 小时。(或者 12 次,每次 2.5 分钟,你明白了吧。)

让我们暂时不要考虑 YouTube、Instagram 和交友网站!

如果他们一周在博客上发三次帖子(这对于保持博客的活跃和有趣是非常重要的),而创建和发布一篇文章至少需要 30 分钟(我想我可能低估了时间),那就算 2.5 小时。

现在我打算每周增加 2 个小时来阅读别人的博客、回复评论、跟踪社交媒体内容、更新个人资料、上传照片等等。(这里包括 YouTube 等。)

我们现在实行五天工作制,每周工作 40 个小时,其中大约 13 个小时用于"社交媒体",这种说法有些不恰当,我知道这些时间很可能会放在傍晚或清晨。如果以每周 40 小时的工作时间为基础,那 33% 的时间都在做这些社交媒体的事情,即使以一天工作 12 个小时计算,这个时间占比也有 22%。

但如果你花不到这 13 个小时的一半,比如 6 个小时,去做其他的专业营销工作,我估计你可以在一周内做以下任何一件事:

- ▶ 写一本书中的两到三个章节
- ▶ 在你的网站上创建并发布 10 到 12 份自己的行动报告
- ▶ 以适度的速度跟进 30 个过去的客户或热情的潜在客户

- 发出十几份新闻稿
- 参加一整天的自我发展研讨会
- 创建三个演讲或一个完整的多日研讨会流程
- 在你的网站上创建一个销售的新产品
- 通过电话会议制订一个营销发展计划
- 创建并记录三个博客
- 联系 30 个以前的客户，获得他们的推荐信，或得到推荐或介绍
- 参加两个社交活动
- 创建并分发两份电子通讯稿
- 为代理商完成至少一半的专业图书计划
- 在 PRLeads.com 上回应 50 多个记者的提问
- 寻找两个高潜力的公益机会
- 联系并跟进 5 个行业协会的演讲机会

你明白了吧。别忘了，在我不科学的分析中，我认为真正投入到成熟的社交媒体活动上的时间已经减少了一半，这是基于对真实情况的保守估计，我甚至没有将其他提到过的网络或平台计算在内。

如果你愿意的话，在几个月的时间里，你可以很容易地做到所有的以上要点。我每周就只分配六小时在社交媒体上，每天一小时多一点。

我的观点是：不要混淆职业和业余爱好。我从来没有说过"社交媒体"是邪恶的，或者它们不能帮助大家找到买家。我已经成为一个狂热的博主，我每天都访问脸书和推特。然而，我仍然可以做到以上所有要点，并且每周总共只工作 20 个小时。

如果你在认真思考企业的咨询和指导，你应该阅读的博客在 www.contrarianconsulting.com，那么我会继续建议你不要在社交平台上找买家。这是不可能的吗？是的。也有人这么做过吗？当然，不过是他们自己声称的。但如果你因为在社交网站上浏览，

而忽略了做这些关键事情，那这就不是一个好习惯，时间分配就不合理。但，如果你能同时兼顾做到这两点，又能按照自己的意愿过着平衡而充实的生活，那就去做吧。

我在 Twitter 上免费发布知识产权信息，就像我在这里做的一样，你已经购买了这本书(我希望如此)。我确实发现这些平台提供了一个很好的反馈、贡献和分享的方式。然而，你必须慎重选择，因为有些人只想要你的"播出时间"，而你只有这么多的时间。

影响示例

如果你能聪明地使用网络空间，因为你每天都会在网络中活跃，你就能达到这些结果：

- 远程工作的有效交付
- 额外收入
- 远程营销
- 大众营销
- 快速响应所有请求
- 日常推广

远程工作的有效交付

你可以通过 Skype、谷歌和许多其他平台与客户进行互动，这些平台允许更亲密的、可视化的多方交流。你可以在课堂上讲课、进行网络研讨会、召开电话会议、进行访谈、进行调查、完成 360 度评估等等。虽然总是需要亲自到现场(向买家演示，观察性能，调查过程)，但很多其他需要你花时间到现场的事情其实可以通过技术来避免。

额外收入

你可以在你的网站上提供产品、手册、流程列表、视频、电子通讯、播客、文本下载等等。你可以选择拥有一个能够接受信用卡的购物车（例如 1ShoppingCart.com），或者你也可以使用 PayPal 这样的服务。

> **案例**
>
> 　　我曾指导过一位律师，他开始专为小企业提供一些免费表格，如面试问题、评估表格、终止合同程序、退休计划金等。它们很受欢迎，慢慢他开始收费，并增加服务的多样性，涵盖小型企业通常缺乏的专业知识（人力资源、福利管理、法律等等）。最后，他创建了一个年度会员，允许根据需要下载尽可能多的表单。他用很少的工作赚了很多钱，以至于最后他放弃了他的法律事务所。

远程营销

你可以在你的网站、博客或电子邮件列表中提供免费电话会议、网络研讨会、问答讨论组、播客和视频。你可以作为一个免费的演讲嘉宾出现在其他人的活动中，被投影到大屏幕上。特别有效的是来自你自己客户的简短视频（30 秒），他们扮演着"传道者"的角色，让其他人听到自己客户对你工作的认可和你取得成就的例子。

大众营销

如果你努力开发你的列表，并智慧地使用社交媒体，你可以定期向世界各地的数万人推销。我的免费电子通讯总是包含我的活动和经验的"软销售"营销。虽然大多数权威人士认为，对大量邮件来说，1.5% 的正回报是非常理想的，但我的平均回报超过 10%，因为我保存着以前在我这里购买过东西的人的名单，并给他们发送特别优惠。如果你为你理想的听众推出了有很大价值的免费电子通讯内容，你会发现你的列表每周都在增长。

快速响应能力

在美国东部的工作时间内，我会在 90 分钟内回复所有的电话，在大约 3 小时内回复所有的电子邮件。人们对此感到惊讶，其实使用手机和/或平板电脑或笔记本电脑会使这些变得非常容易，短信可以为人们提供实时帮助。我不相信"工作生活"和"个人生活"，我只相信"我的生活"。"我不介意中午去游泳时，在海滩上接一个商务电话。通常在我们度假的第一个下午，我妻子会说："你付旅行费了吗？"

> **经验之谈**：现在人们不希望立即与你联系，但他们非常欣赏你的快速反应。

日常推广

你一年发送数千封电子邮件，可能一天也就几十封。无论你想在潜在客户和客户面前保留什么，在每一个签名文件中，你都应该包含你的新书、新服务、最新知识产权、即将到来的旅行都应该有一个简短的宣传。你可以每天修改你的网站和博客，为新产品创造持续的提醒。社交媒体平台提供了定期发布新知识产权的机会。

这是一项市场营销业务，所以你至少应该将 50% 的时间用于市场营销。你可以每天通过互联网和科技轻松、便宜地做到这一点。

第 8 章

交付

> 走快车道

在你提供交付服务的过程中，营销并不存在任何违法、过分或不道德的地方，努力交付的同时也应该努力营销。然而，许多咨询顾问在交付时"关机"，有一些甚至拒绝回复语音邮件和电子邮件，这种做法只能叫作：愚蠢。

维持业务

与获取新业务相比，维持和延续现有业务的成本要低得多，劳动密集度也要低得多。事实上，对于没有很强的品牌和市场引力(吸引客户)的人来说，获得新业务是最艰难的努力之一。之所以很容易找到分包商来帮助你交付业务(这能腾出你的时间)，其中一个原因就是有那么多人喜欢交付，而且非常擅长交付，但却不会推销。

因此，这些人依赖于我们这些会做营销的人。他们是一种商品资源，所以他们不能要求高额费用(尽管他们声称交付的质量是关键因素，但不是，获取和维持业务才是)。

在图8-1中，我创建了现有产品和服务、新产品和服务以及现有和新客户之间的简单关系。

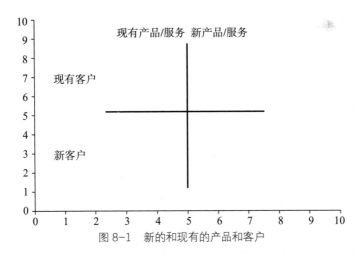

图 8-1 新的和现有的产品和客户

你可能会认为最佳路径是为现有客户提供现有产品和服务，事实并非如此。要注意这一象限被称为"可持续的业务"，而不是"可持续的客户"！持续业务的最佳路径如下：

(1) 为新客户提供现有的产品和服务。原因：你有现有产品和服务的记录和推荐信，更容易让别人接受。

(2) 为现有客户提供新产品和新服务。理由：你们之间的关系很稳固，但是你的客户可能会对"老样子"感到厌烦，引入新的产品和服务将使你的存在价值保鲜，并且很容易找到切入点。

(3) 为现有客户提供现有产品和服务。原因：现有买家很可能需要有所强化，特别是在大型组织中。

(4) 不要向新客户提供新产品和新服务。原因：你失去了现有产品的优势，但你却没有现有关系的优势。这是你最不要花费精力和资源的地方。尝试这么做的无非是那些拨打没有人接听的电话，购买人名清单，或发送大量邮件的人，这是最不具有影响力和优势的时期干的。

> **经验之谈**：永远不要忽视持续获得新业务的难度。没有多少人在这方面做得很出色。

如果你发现自己要在获取业务和交付业务方面与某人结盟，这里有一个公式可以应用，以便所有各方利益都得到公平对待：

获取业务 = 50%　方法 = 30%　交付 = 20%

这意味着，如果我获取了这家公司的业务 (50%)，我们使用你的方法 (30%)，并平均拆分交付 (20%)，那么总费用将是这样分割的：我 60%，你 40%，这反映了分享业务所涉及的三个要素各自的重要性。请注意，这并不适用于只提供服务的人。他们应该得到按日计算的费用。在写这篇文章的时候，只要每天 1 000 美元，就可以很容易地获得优秀的交付人员（培训、引导、问题探讨小组、评估工作、访谈等等[1]）。

我们稍后会讲到具体的战术。但是我建议的策略是看看你的产品、你现有的客户和你潜在的（理想的）客户，然后决定你在市场上的表现。记住，"搭建它，他们就会来"只有在你告诉他们你已经在搭建它的时候才有用。

平均而言，你应该寻求每年约 80% 的回头客，20% 的新业务。要做到这一点，一些现有的业务将正常运行直至结束，但有一些必须放弃。每隔 18 个月左右，试着减少排在末位 15%（基于利润率）的业务。最应该被放弃的业务：

- 你在挣扎求生时就拥有了它，但它不再代表你的理想客户需求。
- 在当中什么都学不到。
- 利润率太低了（交货量太大）。
- 一些麻烦的客户。

除非你放手，否则你无法伸出手。你必须为新的更好的生意让路——就像你不会保留你曾经拥有的每一辆车一样，你不断地用它们换取更新更好的车型。

---

[1] 如果你是一个分包商，一个月只工作 10 天，你一年的总收入会超过六位数，这对于那些不能自己创业的人来说是相当不错的。我想你可以看到这里的共生关系。

培养回头客

在我的字典里，"重复经营"指的是与当前或过去的客户再次做生意，但如果是后者，则时限是在 12 个月内，否则，这就是新生意。重复交易并不一定意味着交易"大同小异"，但可能意味着同一家公司或实体(不总是同一个买家)购买的价值不同。插曲 1 的图 I-2 展示了向现有客户提供新产品和服务的智慧。

重复业务来自以下活动：

- 永远不要和你的买家失去联系。定期提供汇报和更新，至少每周一次，面对面、通过 Skype 或电子邮件传递些新信息，不要只当有问题产生时，才是你和买家谈话的唯一机会。永远不要把自己的活儿委派给别人(人力资源、下属、采购、委员会或其他人)。经常和你的买家进行定期的讨论。

- 一路走来总会遇到新的买家。在大公司里有大量的潜在买家——记住，重复业务是指和一个组织做生意，而不一定是同一个买家——记得培养这些关系。

案例

我为默克公司连续工作了 12 年，与来自 5 个部门和 4 个国家的约 20 名买家合作。在我连续与惠普公司合作的十年中，也与来自三个国家的 6 位买家合作。

你可以称之为"内部推荐业务"，但我认为这是一个关于你的工作质量给人留下深刻印象的问题。

默克公司的一位采购员曾与我在另一个领域有过合作，他把我介绍给他的高层团队说，"这是艾伦·韦斯，一位出色的顾问。像所有优秀的顾问一样，他会像病毒一样潜入我们的系统，然后留下来成为我们的一部分！"

- 保持警惕，为寻找新的问题提供帮助。你会发现这些问题并不与你自己的项目有关，但却对你的买家或其他买家有着巨大的潜在影响。不要无偿承担（我称之为范围渗透），也不要忽视它，但是，可以用这样的语句："作为一个咨询顾问，我经常遇到一些与我的项目无关但对你有很大潜在意义的问题。如果我没有提醒你注意这些问题，那就是我的失职。尽管你可以选择自己处理这些问题，但如果你希望我这样做，我也愿意提供帮助。"
- 使用你在其他地方看到的最佳实践来提出改进建议，使用与上面类似的语句："我的很多客户现在都在做这个……"

> **经验之谈**：如果你没有从现有客户那里获得超过50%的重复业务，要么你没有做好工作，客户没有意识到你做得很好，要么就是你并没有提出跟进。

新的潜在业务并不是纯粹的重复业务，因为它们可能会指向客户的客户和行业协会。但你得到的想法是：创造今天人们热衷于称之为"系谱图"的东西，你就能清楚地看到你可以追求重复业务的潜在方向。

你不能仅仅把客户参与看作是"合拍"，它实际上是一幅动态场景的一部分，你可以帮助创造引导想要的方向和结果。

当你变得精通并且有条不紊地获得重复业务时，你就降低了获取业务的成本，从而提高了利润率。你无须在了解客户新细节上做太多工作，从而降低了你的劳动强度。而且你不需要建立信任和信誉，这些都已经存在了，因此会促进下一次成交。

我要告诫你们："从开始就要考虑客户的第四笔交易。"也就是说，考虑你与客户的长期业务，而不仅仅是你目前的项目。如果你从没有计划，那它也就不会发生。

推荐

推荐业务是"销售的后半部分",当你获得一个新客户时,你会收到一张现金支票,但是第二张支票来自那个高兴的客户,他通过转介绍为你在其他组织获得了更多的业务。

为什么顾问没有得到更多的推荐?令人惊讶的是这并不是因为他们的工作质量差——而是因为他们从来不去要求。

永远不要等到项目完成后才要求推荐。等到它完成了 2/3 左右,就请这么说:

几乎我所有的工作都是由满意的客户推荐而来的。到目前为止,我们都对我们的结果欣喜若狂,所以我想请你帮个忙:你能把我介绍给三个你认为可以从同样价值服务中获利的人吗?

或者,更好的是:

你能把我介绍给你们主要的供应商贝琪·泰勒吗?我认为他是最理想的人选?

还有一个备选方案:

如果不方便介绍的话,我可以把你的名字列在满意客户的名单上吗?

在汽车销售、保险、房地产、医药、会计等一些行业,推荐是绝对的生命线。作为一种双赢的体贴的姿态,你可能一直建议人们去看医生、牙医、律师等等。然而,他们有多少人提到过咨询?如果有的话也不是很多!

那是因为他们根本不知道你在做什么!你的牙医在给人看病时,那个躺在病床上的人,可能正需要个人指导,或者需要战略咨询,或者需要供应链管理,但是牙医就只是同情地听着,因为你的名字没有出现在脑海里。这是因为你很少要求他们做推荐，一个牙医你可能一年至少在正式场合上见他两次，在社交场合见他的次数可能更多。

推荐业务有两种基本类型：请求推荐和主动推荐。

请求推荐

你应该用一些简单的软件，比如 FileMaker Pro 或者 Excel 电子表格，列出你认识的每一个人。然后，将列表分成三个不同的部分：

(1) 那些你猜想他们可能会从你那里购买服务，或者为你推荐的人

(2) 那些你不确定他们是否属于第一类的人

(3) 那些你肯定他们不属于第一类的人

给你第一个名单上的人打电话。请注意，他们可能是过去的客户、现在的客户、同事、朋友、熟人、亲戚、居委会联系人等等。我建议你每天只打两个电话，这样也不会太麻烦，但这意味着一个月要联系 40 个人。问每个人要三个名字，这样你每月会有 120 个潜在客户。（即使只有一半人只能提供两个名字，每月仍有 40 条信息。）

写信给第二类的人。使用相同的语言发送电子邮件，可能的话尽量做到个性化。（比如说，"你女儿在学校的第一年过得好吗？"）

第三类人触达方式：时事通讯、播客、广告邮件等等。

如果你每个月都遵守这些规则，你会得到机会的，甚至获得对方的业务。（见第 2 章信任关系和概念性协议）

主动推荐(不请自来)

你可能觉得"不请自来"意味着你无法控制这些推荐，但并不是的。如果你的工作做得非常出色，而且经常引人注目——甚至无处不在，你就会得到应有的关注。有一段时间，我同时为 6

家不同的报纸工作,其中一家将我介绍给另一家。尽管有时竞争激烈,但通过同样的方式,我同时有了5个制药公司的客户。人们会互相交流,会换公司,他们也想帮助别人。

> **案例**
>
> 当我还年轻、刚结婚、很穷的时候(这些是年轻人经常会遭遇的生活三连击),我在保诚工作。一位名叫哈尔·梅普斯(Hal Mapes)的代理人——我现在还记得他的名字——会拜访新员工,建议向保诚表示忠诚的方式是购买一份保单。我买了我能买到的最便宜的东西——一份葬礼保单。
>
> 哈尔每6个月就要求转介绍三个客户,不得到他们,他就不会离开。
>
> 实际上他也不会离开,他多数会找以前的同学、工作伙伴、社会关系。
>
> 如果哈尔有60个客户,他就会合理地每年拜访他们两次,每次得到三个名字,那就是360个名字。如果有一半是相关的,并且他能够卖给其中的一半,那么就会有90个新客户。第二年,他就再问那150个客户提供三个名字。
>
> 于是哈尔退休时是个有钱人了。

推荐是降低劳动强度和增加利润的主要来源,因为它们几乎不需要采购成本。你应该抓住每一个机会挖掘和深探这些推荐人,不管你现在正处于职业生涯的哪个阶段。

以下是跟进推荐的一个例子:

> 我是吉姆·赫顿,是莎拉·沃德通过电子邮件介绍咱们认识的。我不是经常这么冒昧的,但之前她的建议总是对我非常有价值。而且我也会经常去你所在的那个区域,所以我在想

或许我们能一起聊上30分钟。我也答应了莎拉我会联系你的，并向她反馈。

我们在这里所做的是确保我们及时跟进，提及推荐来源，并建议举行一个非常简短的面谈。永远不要试图在电话上"推销"任何东西。争取一对一的会面，而你只是想要到一句"好的"。

> **经验之谈**：永远不要让任何人代表你，把你的材料转给别人。其他人没有你的热情与专业，也回答不了某些问题，那会很容易被拒绝的。

新业务的开发是很困难的，如果做"冷清"了，那你的工作就可能冷清死了。但是当你利用现有的联系人（不仅仅是客户）为你提供可能的新收入来源时，你就"死灰复燃"了。他们为你的短期业务提供了输送"管道"中的流量。

如果你没有每天尝试自我推荐，那你就没有认真对待市场营销。正如我之前提到的，这不是咨询业务，而是营销业务。

新服务

如果你考虑一下本书前面多次提到的"加速曲线"，那么市场需求就是在右侧增加服务——降低劳动力成本和提高费用，最终达到个人"金库"，这是你独有的服务。新服务就是咨询业增长的催化剂。

新的服务内容是从哪里来的？你从哪里获得灵感？与直觉相反，这种创造力是有一个过程的！

图8-2中显示的过程以一个简单的单个产品作为原点。这可以是一本手册，一次评估[①]，三次指导等等。然后我们可以重新定

[①] 从现在开始，我将交替使用"产品"和"服务"，因为这个过程同时适用于这两个词。

位：手册变成了视频课程，评估方式多样化，指导变成了远程会议。

然后我们可以看一个系列：通过订阅每周的视频课程提升领导力，或者通过应用多媒体改进团队绩效，或者通过每季度的Skype电话会议做出行政决策。

我们可以转向更具价值和费用更高的个人互动——记住，沿着"加速曲线"前进是为了在降低劳动力和提高费用的同时实现个性化定制服务。例如，一个私人高管培训项目的收费标准为每月4万美元，至少订购3个月。或者每个月打一次交互式电话，与不超过12个高管就当前的业务情况和人才招聘的话题进行讨论，收费标准为每年15 000美元。或者每人每年5 000美元就可以接触到你的全部作品（视频、音频、印刷品、电子产品等）。

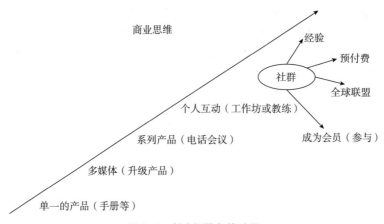

图8-2 创建新服务的过程

这一过程可以随着你的职业生涯的发展逐步创建。你可能会觉得现在还为时过早，但是所有的长期计划都必须从今天开始着手落实。当你开始打造你的产品和服务，就涉及了我所提到的要身体力行的工作。如果你每个月只创建一个播客，一个视频和一篇文章，这个数量就非常小了，但你每年仍然会有36个有价值的项目。按照图8-2中的顺序对每一个进行分析，你将获得大量有价值的材料和服务。

最后，这个过程的终端是"社群"。我非常相信客户群体的力量。塞斯·高汀，一位受人尊敬的同行和杰出的作家，会将此说为"部落"，在这个特殊的定义上我们意见不一致。一个部落是一个特殊的紧密结合的群体，为了共同性质的成员身份而努力，有崇拜的"图腾"和排他性。

"社群"是一个由具有共同价值观的不同种族的人组成的群体，他们具有高度的包容性，并乐于接受其他人加入社区。我自己在全球各地的咨询团队各不相同，但我们都同意，基于价值的收费，注重结果而非交付成果，并且只与真正的经济买家合作。

因此，你正在发展的客户社群(买家)是你的"金库"项目的基础，但更重要的是处于客户序列顶端的那些最令人向往的人，也是那些为更多服务提供资源的最有价值的人。

我一直很钦佩托尼·罗宾斯的营销头脑，尽管我从来不会赤脚走在滚烫的木炭上。就像他收取人均50 000美元的费用，飞去访问他在斐济附近的私人岛屿，这就是这个序列顶部的一个例子。

无论你在你的职业生涯中处于什么位置，你都应该记住这个顺序，把它作为你通向新的和更有价值的服务的向导，通向你的加速曲线的右侧。否则，你会发现自己只是在以相同的费用生产出更多相同的服务。

> **经验之谈**：你必须有一个计划，不断提供新的和更诱人的服务，否则你的增长将最终会停滞不前。

这一章是关于"交付"的，不仅让你更加精通交付的过程，而且让你的交付内容更加精选。你可以把非核心的业务内容转包出去，保留有独特性的和高额费用的业务。加速曲线的目的是让那些喜欢你的基础产品的客户去采购越来越多的独特和高收费的内容。

当你的事业蒸蒸日上的时候，交付应该会越来越少。人们会来找你，但你的工作可以远程，也无需去主动创收。最终，优秀的咨询顾问，同时也是优秀的商业人士。

百万年薪的咨询顾问将永远有预付费业务。

预付费

这里值得重新考虑一下预付费，因为它们属于"金库"项目。

咨询业的预付费和律师最常用的用法不同。律师的预付费只不过是一笔押金，也就是说律师会从这笔钱中扣除他们每小时的费用，这样做主要是不相信客户到期会支付，当这笔费用用完时，会要求另一笔预付费，否则会停止工作。

在咨询行业，预付费是为了获得你的聪明才智而支付的一笔费用。这是个很大的区别。

客户可能每月付给你一万美元来获得无限制访问权限。你的价值在于你的意见、建议、想法。但是这种服务不能参与客户的项目，而且它几乎总是一种非现场的服务关系。你可能每周被联系三次，也可能永远不会。如果客户需要，就可以随时使用它。

预付费的价值不是基于使用频率，而是基于回应的保证。它有以下三个变量来帮助确定定金的数量：

(1) 谁有权限？如果是一个人，价值就会比三个人少。但是一般来说，在一家公司内，获得权限的人的数量太少是不大明智的。

(2) 时间范围是什么？如果我在东海岸，你在西海岸，我们说的是你的时间还是我的？是否有私人会面？是通过电话、Skype还是电子邮件？周末还是晚上？

(3) 持续时间是多长？我建议聘用期不少于三个月，因为我们应该给予足够的使用时间。一个月是不够的。至少四分之一年，半年也挺好，一年就最好了。

如果你是一个有着好口碑的"老油条"，你的聘用费应该是每月至少 1 万美元，或许还有提前付款的折扣，例如，一个季度 2.5 万美元，六个月 5 万美元，每年十万美元。而且，至少每季度支付一次，最好在每个季度开始时支付。

> **经验之谈**：客户实际上并不需要随时访问——他们需要的是快速回应。

与押金相反，这个预付费是随时访问和回应的保证。这是加速曲线上的一个金库项目，因为聘用对于你和你的服务都是定制的。聘用关系通常只需要一个月几次相对短暂的接触。如果你有 6 个这样的项目，回报大约是每年 60 万美元，而这仅仅是预付费的工作，每个月最多只需要几个小时。这是高收费低劳动力的典范。当然，当你的品牌让客户产生足够兴趣的时候，你可以很容易地单独拥有一百万美元的预付费业务，你就腾出大量的时间为更多的会议或是花在海滩度假上。

你也可以与支付了预付费的客户一起做项目，但永远不要把项目工作包括在预付费的服务清单中：项目方案要分开出，否则你会输得很惨。

案例

完成了一系列非常成功的项目之后，这位 CEO 很乐意聘用我。他有时会在周一足球之夜的中场休息时给我打电话，不是因为他喜欢足球，而是因为他知道我喜欢足球。

周一晚上通常很重要，因为周二早上他要开董事会。他会递给我一些他无法解决的问题，然后在我这儿排演一下讲话内容，征求我的意见。这大概会花费 20 分钟——正好是一场球赛中场休息的时间。

如何能更好地获得预付金？

第 8 章 交 付

(1) 在你的建议书(见第 5 章)中,应把它们列为选项 3 的一部分。例如:

除了选择 1 和 2 之外,我将在 6 个月的聘用期内提供反馈意见,并在任何需要我的时候作为一个不受限的外部参谋。这样你就不必在每次需要建议或分析时都再额外支付费用。

(2) 对老客户,或者一开始没有选择支付预付金的现有客户,提醒他们:

如果我不提及我那些最成功的客户已经要求了预付金项目以确保他们的发展,那我未免也太失职了。

(3) 在你的网站、邮件附件和谈话中,引出客户推荐信。

(4) 鼓励那些聘用你的客户与那些没有聘用你的客户和潜在客户打成一片。

(5) 这有点棘手,不过建议在选项 1 中设置:

对于你们自己人发起的新的人才引进项目,我将作为你们三人指导委员会值得信赖的顾问,应要求提供咨询和建议,不设任何约束和限制。

许多顾问没有意识到他们可以使用这个"可选项 1 预付费"。可能他们也会通过实际执行项目得到更多的费用,然而却没有得到这种几乎无需任何劳动力的预付费收入。

记住,财富是可自由支配的时间,金钱只是燃料。你总是可以再赚一美元,但是你不能赚一分钟。

如果你不让别人知道你可以提供预付费业务,甚至你都不要求提供,你就不会获得这类业务,就是这么简单。我知道有些咨询顾问在这个行业干了 20 年甚至更长时间,都没有任何预付费业务,因为他们就是不想提供这种服务,他们认为他们的价值在于他们的存在。事实并非如此,他们的价值在于他们的专业知识。

下面是个真实的故事：在卡尔冈 (Calgon) 公司，我作为六位数预付费的顾问，签了 5 年的约，今年是第四个年头了。我在 11 月份走进总裁办公室，像往常一样与他握手，顺便来收取下一年的聘用金。他在 1 月 2 日以十万美元的折扣价支付了这笔费用。随后他说，"艾伦，我们要改变一下协议。"

我不知道自己究竟做错了什么。是不是我变得自满了，又或是我缺乏价值了？"为什么？" 我结结巴巴地问。

"因为你比之前的协议更有价值，我们将把价格提高到 13 万美元。祝你假期愉快。"

第 9 章

思想领袖

> 只要你站在那里，就会脱颖而出

"思想领袖"可能是一个空洞又陈腐的概念，除非你看到像马歇尔·戈德史密斯、吉姆·柯林斯、赛斯·高汀、马库斯·白金汉这样的真实例子。以下是如何成为思想领袖并保持该形象的蓝图，这样可以消除你对竞争的所有担忧。

真正的思想领袖是什么

通俗地说，"思想领袖"是独一无二的专长的自然演变结果(我认为对此更有价值的定义是"结果领袖")。思想领袖(Thought Leadership，TL)是在特定领域被大众认可并赞誉的创造者，他的创作形成了知识产权并且有切实可行的实践方法。

彼得·德鲁克是战略上的思想领袖，还有许多其他优秀的战略顾问和实践者，但他是制定标准的人。我一直把《华尔街日报》专栏作家的沃尔特·莫斯伯格看作科技领域的思想领袖。(他的金句之一：当我们在网上浏览时，为什么不说我们正在"接入"电网，而是说我们在上网呢？)

以下是思想领袖的特点[①]：
- 他们的观点被所在领域的其他人引用。
- 他们出版了大量作品，包括各种书籍。
- 他们经常在公共和私人场合发言。
- 他们定期更新自己的知识产权。
- 他们被他人称赞为思想领袖。
- 他们在各自领域拥有强大的品牌。
- 他们通常被聘为可信赖的咨询顾问（预付费用）。
- 人们会来找他们。
- 收费从来不是问题。
- 他们的吸引力是全球性的，而不仅仅是区域性的。

我"拥有"个人和精品咨询的市场定位。这就是为什么你们在读这本书或者我写的其他书，而且我写的咨询方面的书比任何人都多。然而，在平时，有人可能会说，"哦，一个咨询顾问……你失业了吗？"或者，在大家庭活动中，有人会不可避免地说："他怎么赚钱的？"（通常会用惊讶的表情）。

思想领袖不需要在他们的圈子之外被人熟知。但如果你从事教练行业，却不知道马歇尔·戈德史密斯是谁；或者你从事绩效改进的行业，却不知道马库斯·白金汉是谁；或者你从事咨询行业，却不知道我是谁，那么你就是个业余爱好者。你可能不同意我们的观点，可能认为我们傲慢或者观点有错误，但如果你在自己的领域是认真的，你不可能没有听说过我们。

这就是真正的思想领袖（图 9-1）。

正如我们之前所讨论的，你的思想领袖地位是建立在你的加速曲线、市场钟形曲线和市场引力的基础上，结合越来越多的客户评价，通过技术最大化你的影响力。推动这一切的就是你的知识

[①] 我在棕榈滩举行一年一度的思想领袖会议，这些特点是参会者的典型反应。我的嘉宾包括詹姆斯·卡维尔、罗伯特·恰尔迪尼、马歇尔·戈德史密斯、丹·平克等人。

产权工厂。

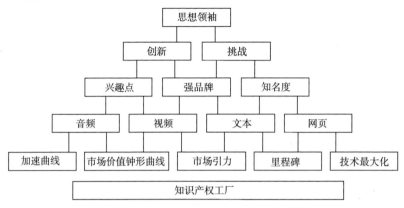

图 9-1 思想领袖形成图

在第二阶段,你使用媒介来传播你的才能。在第三个阶段,你已经发展了品牌,提升了市场认知度,你成为一个让人感兴趣的对象。然后,你可以利用这个声誉在你的领域中发表具有挑衅性和创新性的言论,从而成为真正的 TL。

- ▶ 你目前的不足在哪里?
- ▶ 需要什么来弥补这一不足?
- ▶ 你自己能做到吗?
- ▶ 如果你不能,谁能帮助你?

将 TL 作为一个目标是明智的,因为它可以让你保持专注在与众不同和不断创新上。你不必成为唯一的思想领袖,能够成为众多思想领袖中的一员就挺好的。例如,在领导力这样的领域,你可以指出许多人:沃伦·本尼斯、约翰·加德纳、赛斯·高汀、帕特里克·兰西奥尼等。但如果你不以此为目标,你最终会成为一个缺乏独创性的人,成为第 45.5 万个只谈论承诺而不是遵守承诺的人。

这让我想到了关于真正的 TL 的最后一点:他们的想法通常是逆向的,与主流背道而驰,让人们紧急刹车。我的职业生涯开始时,我就是一名逆向工作者,我认为行业中对一个人可能的品质要求太多(包容性太小),太多的团队合作(实际上大多数组织都有委员会,美国国会也有),以及太多的增长(无利可图的增长)。一个真正的思想领袖能够指出传统智慧的反面,颠覆经过考验的真理。

正如你在图9-2中所看到的,我们的经验、教育、能力和知识可以给我们带来真正的智慧。但是,如果我们要缩小最后的差距,我们就需要勇气坚定信念,迈出最后的一步。像其他任何事情一样,有一种系统的方法来创建TL,并获得勇气来达到最高点。

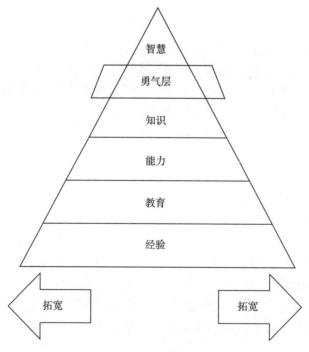

图9-2 智慧金字塔

创建思想领袖的步骤

虽然有些人是通过与生俱来的天赋逐渐走到自己领域的前沿，但我发现这种情况并不多见。事实上，大多数人都是通过有条不紊的步骤到达的。他们可能并不都能说清楚或者不愿说清楚是怎样的途径，但还是有一些共同的步骤。

杰出的马歇尔·戈德史密斯教练告诉我，如果你想成为思想领袖，就要学会与他们"混在一起"。他曾经是彼得·德鲁克的跟班。在德鲁克身边的时候，他遇到了许多有影响力的人，大家也都认同他。不久之前，马歇尔被授予领导学院的最高奖项，该学院曾被称为德鲁克领导学院。

我要补充的是，马歇尔真是慷慨至极。他不断地为同龄人提供帮助、推荐、支持和建议，这也使得他在我心目中成为了一个神仙的化身。

首先，问自己这个问题：目前你在自己的领域知名度有多高？

10：在你的专业领域广受赞誉

7：在你影响的群体中得到了许多人的认可

4：很少被他人知道

1：没人找你

这适用于评估你在专业领域中的地位，在我的思想领袖会议上，所有人对这个问题的回答的平均分是 3.4！

第二，你需要"空气动力"的作用。你必须有一个公认的、专业的、聚焦的领域。我的领域是精品咨询，丹·平克是销售，尼西姆·塔勒布是市场决策与风险。如果不这样，你就是一个会飞的谷仓，而不是造型优美的箭。我发现你不能教山羊飞，即使你给它们绑上翅膀，然后把它们从楼上扔下去，结果，你将会遇到一只发怒的山羊。

你的定位或聚焦的重点是什么？ _____

第三，你应该逐步提高自己在各种媒体上的公众曝光率。这就是马库斯·白金汉、赛斯·高汀或马尔科姆·格拉德威尔所做的（无论是故意的、自然的还是偶然的）。这意味着你从本地开始，区域性地构建，以本区域为目标，最终产生全球性的影响。

在图9-3中，你可以看到一个出版发行的"阶梯"，从你自己的时事通讯到一个行业协会的时事通讯，到一个更大的时事通讯或杂志（或线上）的专栏，然后到国家级出版物，最后是商业出版的书籍。

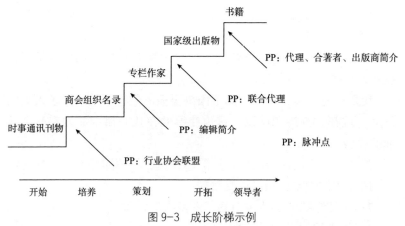

图 9-3 成长阶梯示例

我认识的每一位思想领袖都有涉及广泛的出版物，而且几乎所有人都出版大量的书，通常都会用几种语言出版。

第四，你需要借鉴那些成功实现思想领袖的人的特质，这并不是说要你努力成为他们，而是在你的个人技能中加入那些已经被证明有效的方法和技能。这些包括：

▶ 制作IP周刊，印刷品，音频，视频和参加公共活动。
▶ 采取有争议的观点，不要预期获得标准答案。（尽管我有7 000多名真实的关注者，但我在推特上没有关注任何人，这激怒了一些人。）
▶ 不断精进和变化。通过不断地学习，改变你的观点、方法和路径。
- 做出预测。它们不一定都是正确的，但人们期待思想领袖对未来做出的预测和想法。
- 保持冷静。与持不同意见的人进行辩论或抨击是不合适的。只要不是诽谤，他们有权发表自己的意见。
- 要享受人们因为你打破了他们的舒适区而动怒的乐趣。我从来没有把任何价值放在观众的"微笑表"（批准单）上，只放在雇用我的人的满意和快乐上。

无论你处于职业生涯的哪个阶段，为什么成为思想领袖都是一个值得考虑的因素？因为 TL 为更高的收费创造了可能性。它将人们吸引到你身边，可以称之为"超级"市场引力。以下是如何利用它的方法：

（1）放弃常规的市场价格范围。你的演讲、咨询、指导、聘用、产品和其他费用应该远远高于你所在领域的其他人，因为这是理所应当的。

> **经验之谈**：费用跟随价值，直到思想领袖和品牌使价值跟随费用。也就是说，你要价越高，人们越认为你是最好的。

（2）接受"失去业务"。你必须懂得有舍才有得，就像是密封水密门，放弃你的低端业务。

（3）继续向市场植入强大的知识产权，不要满足于自己的荣誉。（如果你的博客，三天都没有发布任何东西，那你就是在偷懒。）

（4）关注客户的投资回报率，不是费用，不是交付内容，也不是任务。

（5）积极打造你的品牌。

（6）积极构建病毒式传播和口碑营销。

（7）经常出现在公共场合：宣传你的出版物、发表你的评论文章、演讲，以及提起你的行业领导地位等等。

需要提醒的是，当你的费用增加时，你的感知价值也会随之增加（见图9-4）。这种差距是由思想领袖和由此产生的品牌力量造成的。

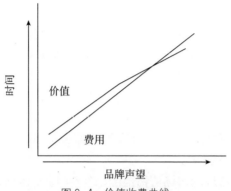

图 9-4 价值收费曲线

案例

不久前，我去五金店买了一个扳手来修理一个户外水龙头。我已经很久没有买过扳手了，我也不知道它的品牌和质量。我看到4个不同厂家的符合我要的型号的扳手。

我该如何选择呢？换了你会怎么做？我买了最贵的，觉得最贵的就是最好的，它没有让我失望。人们也应该这样看待你和你的收费。

如何拥有一个细分市场并完全避免竞争

大多数挑战咨询顾问的竞争都是来自内部的，也就是说，是

第9章 思想领袖

潜在客户组织内的，不是组织外部的东西。因此，本书的前半部分已经讨论了说服买家使用你比使用内部资源更快、更有效。

我们经常听到这样的话："我们自己可以做到。"对此，我有两个标准的回答：

(1)"那你为什么没去做呢？"

(2)"那对你有什么用？"

一个项目不适合用内部员工资源来完成的原因包括：

- ▶ 不管你怎么想，这些人本身有自己的工作。采取组织干预措施，结果要么会导致他们减少本职工作，要么会导致他们对新项目三心二意，更有可能的是，两者兼而有之。
- ▶ 被分配的人员将是"有空的"，这意味着他们不是目前最合适的人，最合适的人你动不了，但你真正想要的是他们，不是那些现在表现不佳的人。

> **经验之谈**：你只需要克服两种类型的竞争，这比你想象的要容易得多。

这就剩下如何应对偶尔的外部竞争了。首先，有一些指导方针：

- ▶ 你很少与你所在领域的思想领袖竞争，如果有的话，是因为他们对你面前的客户来说是负担不起的（或不可想象的）。对于小企业来说，这是一个百分之百的原因，对于大型组织的大多数部门来说也是如此。
- ▶ 事实上，买家与你当面交谈绝不是在"摸底调查"，而是真正关心你的帮助能力。因此，你可以直接联系到购买决策者（假设你决定会见的是经济型买家），并且有能力亲自影响和说服他们。（大多数"摸底调查"都是由较低级别的人通过电话或电子邮件询问价格进行的。）
- ▶ 内部人员有主观偏见并受原有文化的影响，很难改变他们，更不用说取代。
- ▶ 团队成员和部门之间会存在拉帮结派、办公室政治和存有私心的竞争。
- 变革管理和项目实施方面的专业知识在任何规模的组织中都不存在（甚至不要考虑人力资源部的人，根据定义，他们是其他地方不需要的人）。
- 公司内部的人不会把自己的地位和职业前途置于别人的项目中。
- 当管理层创建的项目失败的时候，受责备的是执行者，而不是制定者，每个人都知道这一点。
- 内部人员不能强迫自己的上级做出艰难的决策，并成为捍卫者。
- 会有关于投资的争论。

我还可以继续说下去，但我想你知道没必要。把这些理由放在手边，以防你不得不说服一个犹豫不决的买家，"在内部做这件事"等同于花钱不做这件事。

- 使用这本书（以及我的其他作品）中描述的流程，将带给你一个明显和决定性的优势，胜过那些不关注真正的买家，按时薪报价，仅仅只是尝试响应一些需求，而不是和需求方建立关系的人。
- 如果你一直遵循我的建议，那么你就有大量的工作要做，你会有自己的品牌，你会有一定的知名度，或者至少你能拿出令人信服且远远优于其他人的推荐信和成绩单。

我的观点是，如果你能轻易地战胜85%的正在考虑内部团队的潜在客户，并在另外15%的考虑其他咨询顾问的情况下胜过竞争对手，你就应该赢得了100%的业务！但让我们理智一点：我们谈论的绝大多数情况都是通过有效的准备为前提。

所以，如果你想成为领先者（因为其他人的观点很糟糕），那么以下是你与外部竞争对手争夺市场份额的作战计划：

（1）逆势而行。不要为人们提供更好的方式来完成团队建设，告诉他们，他们实际上有委员会，团队建设对委员会无能为力。

(2) 总是尽量排在最后。如果有选择的机会,做最后一个呈现方案给买家的人。尽管你可能会害怕疲劳影响效果,但往往最后呈现的是人们记得最深的。

(3) 使用丰富多彩的比喻和例子。我告诉一家医院的首席执行官,战略必须是"器官"(正在使用,而不是放在架子上),他连续几天对他所有的员工重复这句话。

(4) 提出完全不同的观点。我告诉一家水处理公司的高管,他们应该停止试图赶上竞争对手的战略,而应该"急转弯",将自己重塑为一家"污水环保管理公司"。你可以在图 9-5 中看到达成销售的视觉效果,就是这么简单。

图 9-5 右急转弯

(5) 找出买家的个人目标。每个企业目标的背后都有一个个人目标。一家动物保健公司的首席执行官告诉我,他想要更好的沟通,减少内部地盘之争。我发现他因为一直充当裁判而疲惫不堪,所以我们的指标之一是他每月解决纠纷的次数不能超过三次,最终,我们把它降到了零。

如果你能用米开朗基罗雕刻掉那一半的方法找出你真正擅长的,那么所有这些就都说得通,也很简单 。

确定你开发知识产权的最佳定位点和关键因素

图 9-6 显示了我们之前描述的如何找到最佳击球点。知识产权要源于构成你主要才能的那些组成部分。大多数咨询顾问都很聪明、精力充沛、求知欲强。这些都是恒星的特征。

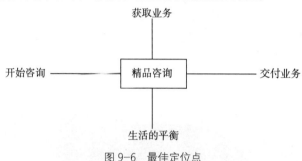

图 9-6　最佳定位点

我们倾向于追逐闪亮的物体。我的德国牧羊犬宾利，会追逐任何它看到的东西。它可能是一只松鼠，一个球，一片随风飘动的树叶，或者一个影子。捕食者倾向于追逐移动的物体。科学家们研究这种现象称之为掠夺性漂移。这种冲动很容易压倒此刻正在发生的事情：游戏、吃东西、嗅探踪迹。就我们自己的行为而言，它会干扰我们的注意力、意图、我们面前的项目，甚至人际关系。（你有没有见过人们在吃饭的时候不说话只是看手机？）

围绕最佳定位点，我极力主张让组成因素在数量上相对较少的原因，是为了让我们集中精力，避免掠夺性漂移。我们的趋势是光明的，我们朝着新的学习、新的发现、新的经验，甚至完美的、闪闪发光的目标前进。这种漂移乍一看是一种有用的东西，但结果却是一种损害，因为我们最终产生了无关的知识产权。

经验之谈：并不是每个想法都适合你的业务。

关键是要把你开发的知识产权当成动力，推动最佳定位点周围的元素。这就必须将你的知识产权集中在你的职业和你的价值主张上。我喜欢电动火车,我做塑料模型,我开异国情调的汽车,这只是我的三个业余爱好。我并不打算围绕这些内容开发知识产权,因为它们不属于我的优势或价值主张。事实上,当我想在设计电动火车、制作模型或者驾驶跑车方面做得更好时,我会去找那些做过这些事情的人,以及那些拥有相关知识产权的人。

> **案例**
>
> 有一天,我的一位教练客户告诉我,他准备写一本关于"9·11"悲剧的书。他是一名营销专家,而且非常出色。
>
> 我问他当时是否在纽约,或者是否与这场悲剧有直接联系,除了我们作为美国人所感受到的痛苦外。
>
> "不,"他说,"但我想写这本书。"
>
> "所以这只是个爱好,不是为了你的生意,"我告诉他。
>
> "哦,不,我肯定这对我的生意有帮助,"他向我保证。
>
> 我说服他放弃一本没人会出版的书,如果他自己出版,也没人会买,如果有人买了,他们也不会花两秒钟考虑他的生意。

你应该每周都开发新的知识产权。这听起来令人生畏,但事实并非如此。真正困难的部分是将它引向你的最佳定位点和关键元素,而不是简单地开发任何吸引你或让你高兴的东西。

换句话说,你不能让你的知识产权发展被智力上的掠夺性漂移所破坏!

宾利可以放下手头的事情去追逐一只花栗鼠,但你不能为了追逐一个无关紧要的想法而停止你的相关创意。

关于知识产权的开发,这里有一些简单的例子。在这三个不同的插图(图 9-7 到图 9-9)中,你可以看到由变量、序列或时间之间的关系组成的知识产权。这些词并没有什么新意,但它们的组合是有新意的,它们都与我的工作有关(行动无需等待完美,整合学习之道)。

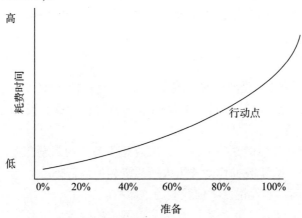

图 9-7　当你做好 80% 的准备,立即行动

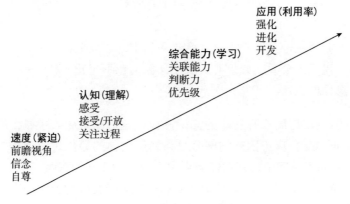

图 9-8　综合学习和速度

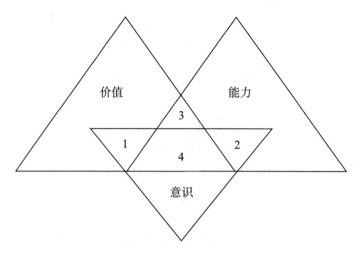

1. "准备行动"而不去行动,是因为缺乏能力
2. "应该行动"而不去行动,是因为缺乏价值
3. "可以行动"而不去行动,是因为缺乏意识
4. "将会行动" 因为所有的元素都存在

图 9-9 道理和关系

你可以每天创建知识产权,每周也可以。但是,关键是它们必须有一个观点与你的工作和最佳定位点有关。

第 10 章

职业道德

> 如何在正确的前提下做得更好

由于没有门槛，咨询业吸引了各种各样的人。对热爱这个行业的人来说，他们兢兢业业，但对于那些心术不正、不务正业，甚至是对咨询业全然不知的人，就不是那回事了。所以，要想有所成绩，就务必加倍努力。

咨询中不断出现的问题和挑战促使你不停的转变，促使你在不同领域进步，让你的技巧变得越来越娴熟。但当你第一脚踏进咨询业，你会遇到现金流、市场和经验这些亟待解决的问题。

在咨询事业中期，问题集中在搜寻合适的合伙人，发展长期合作者和确定趋近合理的资费水平。最终成为专家才是你头等重要的大事，这与你的成功息息相关。

百万美元的咨询业务带来了同等价值的道德挑战。你将如何应对这 11 个挑战？

(1) 我可以简单地收取尽可能高的费用，甚至不担心对方的感知价值吗？如果我真的那么受人欢迎，难道我就可以漫天要价吗？

(2) 我从来都是坐头等舱，住五星级酒店，预约豪华车，而不是在路边招手拦出租车，这就是我的出行风格，我就值这个价儿。我心安理得接受这一切，难道我的客户就不该为我的这个偏好买单吗？

(3) "太阳底下没有新鲜事，排列组合就是创新"，而且我已经天下闻名，成为非常吃香的人物，所以套用其他顾问、作者所支持的观点，并在我的工作或者写作中使用它们，这不构成什么问题吧，况且这里面也有我自己的观点。总不可能对某些想法注册版权，这样我就能随心所欲地使用它们了，对吧？

(4) 如果我一次见三个客户，我想，如果我试着按比例分摊所有费用给他们三个，他们心里会质疑这些费用，觉得我不够诚意。但如果我只是简单的将单独拜访每个人的费用告知他们，就不存在这个问题了。难道我不该对自己轻松点，对他们也轻松点——让他们支付 100% 的费用，我总是要拜访他们每一个人的。

(5) 我在一家客户公司做调查时，一位中层经理告诉我，公司内部有人泄密给竞争对手，并将公司不断出现内鬼这些绝对机密的事情告诉了我。假如我将这些透露给这家公司总裁，很明显他将认为我是这些消息的来源，我对这个公司内的客户的价值将受到影响。对客户保密并持续成为组织内的客户，难道这样不好吗？

(6) 一个客户提供头等舱机票，让我去参观他的欧洲办事处。我可以带上我的家人一起前往，顺便通过出售头等舱机票的钱支付一家人前往欧洲的开销。这些完全没必要和客户提起，莫非这真是我自己的事儿？

(7) 我最大客户的一个竞争对手想雇用我，因为我的声誉与我客户的成功联系在一起。在相互竞争的组织之间任职有什么问题吗？

(8) 一个客户要求我通过邮件进行一个匿名员工调查，但要求我使用一个隐藏的记号按单位来区分反馈信息的来源，而非个人。这是因为客户想真实地了解部门经理的能力，想要分离其他人因为待遇而造成的不满情绪所带来的负面影响。这是一个为了正当理由辩解的托词吗？

(9) 有个总裁级客户要求我为其组织写演讲稿和文章。开始的时候，他和我讨论过主题，也评价了我的终稿，但事实上，全部的撰写工作都由我完成。这位总裁对于这些文字没有任何版权，但却将它们中的一些发表到了商业报刊，并且将其引用到商业会议的演讲，获得与会人士高度称赞，我还要继续为他服务吗？

(10) 在同盟客户的帮助下，我发展了新客户。经历了三个月成功的合作后，新客户问我是否能介入一个取代同盟客户的长期项目，期间我的同盟客户已经多次向我表示过不满。我能问心无愧的接受这个项目吗？

(11) 某些潜在客户并不是看起来那样遵纪守法，其公司只是在口头上遵守法律，但却从未践行过，这是我拒绝这家公司的理由吗？

> **经验之谈**：经常问自己，"如果我明天成为新闻热点人物，我会感到自豪吗？"

以上的 11 点的大多数情况发生在我身上，其余是我同事遇到的。老实说，没有什么灵丹妙药解决道德困境，欧内斯特·海明威曾对此评论到，"所谓道德是指你事后觉得好的东西，所谓不道德是指你事后觉得不好的东西。"当然，没有人知道海明威本人是否践行过他的这句名言，否则，《丧钟为谁而鸣》或者就得改名叫《刺耳的分析报告》，或者是《诱因》了。

你要做得好，就要始终如一地坚持做正确的事！

我做事遵守着一条来自默克集团经理们众口一词的铁律——在模棱两可的情况下，如果要做的事不符合原则和常规，那么只做"正确的事"。以下是我认为在每种情况下正确的做法。

1. 你是否该正大光明拿那份最高的费用

我想强调以下两个要点：

- ▶ 过多承诺或者言而无信都是绝对不明智的。所以，如果你想通过不切实际的许诺和承担一定的风险获得高回报，这种做法不利于建立长期的客户关系。评估一下，哪个选择更优：一个单独、没有后续的 150 000 美元项目，还是一个 75 000 美元的系列项目，而且结果或许还让客户非常兴奋？

▶ 如果你按日收费或者按照其他固定标准收费，那么回顾第 4 章第一小节[①]，我说绝对不要以任何借口在咨询前后改变实际工作的时长，虚度时间绝对超越了一般的道德问题——这是偷窃。

2. 我坐头等舱应该找客户买单吗

你可以假设一种情况，如果客户认同这种"土豪"旅行方式，这当然没问题。然而，你的首要任务是帮助客户解决紧迫的状况，你是想通过这种消费方式在财务上帮助他（这与你的价值观和专业知识无关），还是想在客户心中树立你的信誉？

我曾对以上看法表示质疑，因为在一些雄心勃勃的组织中，目前正在实行这种土豪般的旅行方式，企业在这种情况下，奢华是有一定意义的。我还发现很多客户会为跨国旅行提供一流的服务，即便是横跨美国的国内旅行，他们也是这么干的。（但是，这种跟风会在经济萧条期迅速结束。）

说了这么多，对以上情况，我的经验法则却很简单：如果客户不提供这种服务，我就不会随便使用。我是坐了头等舱，叫了最豪华的车，住了最奢侈的酒店，但我只是让客户付了应该支付的报酬，即出租车钱和标准万豪酒店级的住宿费。我不会因为坐了豪车或者其他高调的消费行为让客户质疑我这个"高价请来的外援"，甚至是我自己支付的这部分费用。

别耍花招，把奢侈旅行费用的差价从你的口袋掏出来，并不意味你赚的钱少了，同时，也不要用增加费用来弥补这些差价。

[①] 坦白点，如果你是按天数收费的，我怀疑你是否有读这一章的必要，我好奇你为什么会读到这里。

3. 你是否可以"借鉴"别人的想法

的确,你不能为概念申请版权(甚至也不能为书名申请版权),而且脑洞大开的想法凤毛麟角。多数真正好的想法不过是新瓶旧酒,然而,你的客户可不是笨蛋,他们知道你所描述的观点另有其人,用与众不同的理论阐述提出你的观点,为什么不给他动点真格的?一个成功的、自信的顾问应该这么说,"这是萨利·史密斯开发的技术,它被写进了《McGoo 的管理学评论》。我已经想到了适合你们情况的方法,我们该试试。"

客户不期望你是火箭科学家或研发工厂的负责人,你被雇用的主要目的,是用一些好点子为企业带来卓有成效的改变。这才是你值钱的地方,为所有合理的想法和技巧提供依据。

4. 你应该向多个客户收取同样的基本费用吗

你想向不同的两个客户收取同样的一份费用?绝对不要这么干(更别说三个了)。我从没见过天底下谁鼓起勇气说出理由并站得住脚。

你发一封附有费用清单的信,解释为什么你只收取客户全额费用的 1/3(例如,机票),而向其他客户收取全额费用(例如,这几天你单独为某个客户工作期间的餐费)。把这个过程变成你展示对客户财务负责任的证明。[①]

5. 你是否应该将你在工作过程中得到的机密信息传递给客户

这里谁是你的客户?你被找上门是为了帮助他们改进状况,什么是最重要的,由客户说了算。这种情况下,你有道德义务告知他们你的发现,并由他们决定是否立即采取措施,客户决定不

[①] 曾经有两个客户,是那种很程式化的人,他们每个人都要求我提供航班机票的原件。因为只有一份原件(而且我还喜欢把这东西保存起来作为个人记录),我给他们每个人提供了一个选择——谁能付了全额机票钱,我就把原件邮给他;能支付 50% 的我就把复印件发给他。结果这两个人都接受复印件。通过这个案例说明了,企业内部决策如果盲目跟风,对造成不必要的浪费。

采取措施，你就扮演好自己的角色，将所发现的事置之不理。

你不能帮客户做出这些道德上的决策，只有与客户合作，让他们自己做选择。

顺便提一下，我从不会要求对方提供机密信息以换取不透露的承诺，我也从来不会以不透露为前提接受机密信息。一旦你这样做了，你会立刻在道德上做出让步。当有人告诉你，"这是机密，但……"你可以自由地倾听和使用这些信息，只要你不承认你会尊重这些信息的机密性。好的咨询顾问通过睿智的提问和敏锐的观察力来让客户发现他们需要什么。依靠线人不是在做咨询，而是间谍行为。

案例

我被要求去指导一家银行零售贷款部门的总经理。他的一名直接下属已向总经理的老板发送了有关他行为的不良报告。

在我工作期间，下属继续向公司领导和我发送相关的机密消息，报告一些违法行为，但要求不要透露信息和来源。最后，我告诉公司领导和他的下属，他们正在破坏组织，要马上停止这样做。你不能说："我知道我们在哪里赔钱，但是对此你无能为力。"

下属感觉被出卖，感到很气愤，但我只是指出他的行为和他老板的行为一样具有破坏性，甚至可能比他不出声更加糟糕。信心并不比组织的健康更重要。

6. 你是否应该使用客户提供的票和配偶一同前往

这或许是你的私事，但票属于客户。如果你告知客户你的计划，这种做法也没什么不妥，但永远不要过分坦诚，否则，你会在这方面犯错。

我曾多次带我的妻子一起旅行，用了大量免费的飞行里程换取的票，这些票是我们共同努力的结果。我告诉了客户这个事实，同时我也告诉他，我只会报销等同于普通经济舱的票价。同样，在支付房费的时候，我也是这么干的。

　　我从来没有遇到客户这样说，"时时刻刻带上家属，这是个好主意。"

　　对于这种"这只是我自己的事"的说法，现在我来说说我私人医生的遭遇。有个客户为他提供了英国航空公司飞往巴黎的头等舱，这位医生用这笔钱买了两张商务舱的机票，随后和妻子一起去欧洲度假。就在他启程之前，他收到了一份传真，说是客户将派车去头等舱的到达区接他！

> "无辜的"谎言会让客户看不清你的道德水准，变成你难以开脱的麻烦。要么告诉你的客户你干了什么，否则就不要那么做（如果发生的事你对客户难以启齿，那么很可能，你的所作所为是无法令人接受的。）

7. 你是否应该接受客户竞争对手的委托

　　这是一个棘手的问题，我认为以下原则在决定接受或拒绝一项任务时是合理的：

- 我不会做任何直接或间接泄露机密信息的事情。举几个常见的例子，显而易见的泄密行为："告诉我们，他们计划如何在 X 地区推广"。不那么明显的泄密行为："设计一个与他们的方案相仿的系列计划。"可接受的情况："评估我们的销售和市场调查团队管理人员，并告诉我们，根据我们的业务目标，需要开展哪些工作。"（根本没有必要透露竞争信息。）
- 我会尝试分配不同的职员（分包商）到不同的项目。如果我真要接受委托，我会在一开始就明确第一条标准的规定。
- 我将竞争对手的要求和他犹豫不决的计划告知我目前客

户，并询问我目前的客户是否希望我拒绝他的竞争者。

▶ 如果在上述条件下接受了新任务，我也不会将了解到的任何竞争对手的新信息透露给当前客户。

在同一领域为多个客户工作对于我们这个行业来说并没有什么问题。毕竟，许多聘请你的客户把"有经验"作为聘请条件。而关键的道德考量是：你是因为你的经验和能力改变了你客户的状况而被聘用，还是因为你了解你客户的对手？泄露机密信息永远都不被容忍，一旦发生了这种事，你就不得不回到朝九晚五的工作——再也无缘这个行业了。

8. 你是否同意在一项匿名调查中悄悄使用识别码

很遗憾，结果并不能解释用意。尽管客户在这一点上的想法是纯粹的，但这种行为显然是不道德的，匿名调查就应该是保密的。当你告诉被调查者，他们的回答是保密的，然后悄悄按照识别码的区别提供一份客户想要的文件，这就属于不道德的行为。

如果客户认为该信息具有某种意义，在这种情况下，也还有其他的选择。你可以告诉被调查者，这些回答是按照一定的小组排序的。或者你可以提供一个地方，集中小组中的被访者，让其进行合适的作答。你也可以用其他方式代替，比如，针对性的小组讨论或者是直接观察。

9. 你是否应该继续为一个想把你作品当成自己作品的客户写作

这没什么问题。公司总裁会为你的专业知识买单，而且你之前已经同意了，何况总裁也得到了你的同意。（很可能，这项服务也在你与客户的咨询合同中有所规定。）发生剽窃现象的唯一问题是甲方没有获得原作者的许可。如果你不喜欢别人把你的精辟见解据为己有，就不要轻易接受这样的任务。

10. 你是否同意取代那些老掉牙的同盟伙伴，即便这些同盟伙伴曾给你介绍客户

可以通过改善客户的条件证明项目的合理性，因为客户、同

盟伙伴和你一起工作过，客户确信你能更好地满足当前需要。当然，你也有义务告诉那些介绍客户给你的人，你不会偷走他的收益。

在这些情况下，我会告诉客户，只有在向我的合作伙伴解释了我的义务和我所担心的道德问题时才会接受与他合作。通常这会让客户加倍敬重我。接着我会向我的合作伙伴解释具体情况，并鼓励他联系客户讨论这次合作，并保证这是客户的倡议。做完这一切之后，我才会接受客户的这项任务。而客户也会做出客观的选择，我的专业能力也被认为是恰如其分的，这让我也能坦诚的面对我的合作伙伴。

当然，主动采取行动来取代你的合伙人都是不道德的。假如你很愉快地告知你的合作伙伴这个情况，并邀请他和客户一起讨论这件事，也许你就能很好的解决这个问题。但如果你没有提供这个机会就抛弃了你的合作伙伴，那么毫无疑问，你做得太过分了。

11. 你有正当理由拒绝曾经被你指责过的不道德公司的业务吗

绝对可以拒绝。没有法律要求你接受所有的业务。你既不是公交车，也不是共享办公室。如果没有达到令你满意的条件，你可以拒绝与人合作。制订自己的标准，并与客户和同事就道德问题按照自己的标准行事。我已经描述了11种相对比较复杂的遭遇，毫无疑问，你也会遇到属于你自己的困境。

以下是我认为可以帮助我判断自己是否在做正确的事情的指导方针：

(1) 这个行为是改善了客户的情况，还是仅仅改善了我自己的？
(2) 我可以很轻松地向客户解释这个行为吗？
(3) 这个行为是我引以为傲的东西吗？
(4) 是否有人在不知情和/或无法回应的情况下受到伤害？
(5) 我能心甘情愿地接受这种咨询吗？

不能简单的回答是或者不是。事实上，帮助你避免道德上的妥协最好的做法就是向客户提问。最终客户还会感谢你问了他们。

第 11 章

全球视野

> 世界就在隔壁

在你的职业生涯中不追求国外客户的唯一原因是缺乏关注和缺乏资金。发展海外关系需要更多时间,当然也需要更多投资。然而,我发现境外的机构非常愿意接受咨询帮助,尤其是当你细心投入你的精力的情况下。一旦公司建立了良好的声誉,拥有大量的资源供应,国际扩张自然就是切实可行的考虑了。自从我1991年第一次写这本书,拓展国外业务变得容易得多。

在关注境外业务选取目标时,有一些需求层次。无论是你在追求某个目标或机会,还是某个组织在追寻你,这些条件都是适用的。我看到过许多情况,当初看起来盈利的海外咨询业务变成了恰恰相反的结果,因为资金无法从那个国家提走(一个可怜的家伙铆足了劲把他的咨询费用都投资在当地的篮子里,他努力进口,试图在美国销售),或者因为一个关键客户经理索取贿赂(在拉丁美洲,他们经常以"佣金"的名义列在费用单上),或者因为客户在听取了咨询顾问的所有意见后,决定内部自己解决。以下是在寻找境外客户时需要考虑的因素:

语言

(1) 英语作为第一语言:英国、澳大利亚

(2) 英语作为商务语言:德国

(3) 英语普及：意大利、法国

(4) 英语为精英者的语言：第四世界

发展水平

(1) 信息化，知识导向：日本、韩国

(2) 新兴市场：印度、巴西

(3) 劳动密集型：印度尼西亚、马来西亚

货币

(1) 稳定而容易兑换：欧盟

(2) 不确定的波动：菲律宾

(3) 高度不稳定：第四世界

战略联盟是获取境外客户的最好方式。我和新加坡及英国的人合作，他们使用我提供技能和方法。他们通常安排我的旅程，在我帮助他们完成一个特定的项目后，我们会合力做销售拜访。通过这种方式，我服务了新加坡壳牌、新加坡花旗银行、新加坡海峡时报、Case 通讯、卢卡斯工程公司、英国标准协会。这些合作/联盟非常有效，因为他们把现有的付费项目与开拓新业务的机会结合起来了。

> **经验之谈**：经济的全球化结合持续进步的科技让今天成为最好及最容易开展全球化工作的时候，不论是亲自还是远程。

追求国际业务的第二个有效方式是通过在美国的跨国公司（或者总部设在其他地方，主要客户是美国的公司）。通过默克公司的国际分支，我有幸在英国、哥斯达黎加以及巴西工作并建立了良好的声誉。（注意：当你追求这一途径时，与低优先级目标有关的一些困难会得到缓解。例如，我不担心巴西的货币限制或不稳定，因为我在美国是由母公司支付费用的。）

道富银行用头等舱把我送到世界各地，因为它不希望给其全

球管理团队传递这样的认知，他们接受的产品或服务比总部的差（比如我的价值）。

国际化营销的另一种途径是给国际刊物投稿。大部分的国家都有管理期刊，通常他们接受英文写作的文章，这在网上非常容易实现。我因为在英国、墨西哥、新加坡、瑞士、德国的此类出版物上有写作而有过很多联系。通常国外客户比美国人更重视论文及研究文章。我曾经在一个位于瑞士的德语的出版物发表过文章，当时我是在网上被找到，受邀写作，然后通过邮件提交了文章。

最后，你可以通过寻求在国际会议上的演讲机会进行海外市场拓展。除了你可能常常被要求自己承担费用外，这与寻求国内演讲的机会没有区别。这也是为什么我主张只有当你确定了自己的地位的时候，才采取这种策略的原因。当你的名气越大，你的花销和费用被承担的机会才更大；即使没有承担，当你发展得越好时，你越有能力自己承担此类市场营销机会。

案例

或许最有效的获取海外客户的方法是出版一本商业书，即使是纯英文书。仅仅在过去的 5 年里，我的关于获取业务、撰写建议书，以及收费结构方面的书已经吸引了 20 多个国家的客户。

我的多本书已经被翻译成德语、意大利语、西班牙语、韩语、阿拉伯语、日语、俄语、波兰语、葡萄牙语以及汉语等总共 12 种语言。

正如本书前文所述，很少有市场工具如一本书的威力那样强大，通过作为专家和思想领袖的权威力量来提升你的专业知名度。让作者亲自和客户一起工作的诱惑可以克服任何货币换算、费用等方面的困难。

鉴于商业日益全球化，对于咨询顾问们来说，在国外可能会比在国内有更多的机会实现大幅增长。一旦你的工作范围是国际的，你在家里就可以拥有巨大的市场营销机会，为你的建议书、采访、演讲和文章进行推广。

现在你已经是在多个国家工作过的国际化咨询顾问。如果你觉得这不会快速带来可信力，可以亲自尝试一下。当一个客户第一次问我可以为其基准测试项目贡献什么的时候，我回复到："以我为英国标准协会在创新方面所做的咨询工作的经验为例，预期这方面将会在整个欧盟进行拓展。"房间里除了客户的钢笔从他的口袋里划出来签下合同的声音外，鸦雀无声。

> **题外话**：互联网以及它的衍生产品——线上社群、照片墙(Instagram，一款图片分享应用)、网络电话(Skype)、网络研讨会、电话会议、讨论小组等，已经使得全球咨询不仅仅是可能的，更是必要的。

为了丰富你的客户组合，开拓国际业务在现在是必须途径。通过发表文章、博客、时事通讯、访谈等传播你的名声。

任何一个想要达到七位数收入水平的咨询顾问——无论在世界上哪个国家——都不应该只关注国内的机会。

第 12 章

设计你的未来

> 掌控你的命运

我的咨询专业经验引导我建立了非常简单的商业哲学：
(1) 这是关系业务。
(2) 多维度成长提供高质量、长久的关系。
(3) 这些关系带来的收益上不封顶，若要助人必须先助己。

依靠自己成为第一

在这一点上，你可能会问："怎么可能这么简单？"毕竟，如果每个人都想建立这些关系的话，我们不就回到了以前的同类商品竞争的游戏中，都努力证明与客户的关系在某种程度上是超越其他咨询顾问的？

"如果所有人都在读这本书呢？我们岂不是看起来都一样，都在努力做同样的事情？"

> 经验之谈：重要的不是生活如何对待你，而是你如何看待生活。

我想要通过一个咨询案例来回应这些担忧。我曾经服务过一家大型的特种化学品公司，他们发现公司业务在行业内逐渐萎缩退至第三位。虽然,他们曾经很有希望超越其他两家大得多的同行,但他们发现自己面临这样的可能:更小的机构会一点点的吞噬他们的传统业务。公司的领导团队出现了战略上的分歧:我们要投资大量的资源去冲刺行业领袖,还是击退持续的挑战,巩固现有第三的地位?这两种意见都不太吸引人。毕竟,超越其他企业成为行业领袖需要数年努力,需要完美的绩效表现以及超高的运气。但是,保持现有的第三位意味着管理一个"陪跑"的公司,而要吸引、保留以及激励一个公认的"失败者"的公司员工也是很难的。

当然,答案非常简单:按照公司自身的条件做第一。公司重新定义了自己在行业中做得比其他任何公司都做得好的地方,包括其大型竞争对手,并建立了在自己定义的条件下成为市场第一的愿景和使命。我称之为"急转弯",这在第9章进行了探讨。

战略上非常简单:不要让竞争者决定竞争领域和制定规则,你重新定义及彻底改造你自己。

当我开始自己的业务并最终发展到现在的公司时,我被明确告知我不能创造超过30万美元的收入,我必须增加人员和设施,可能还需要外部投资者。我还被告知,除非我专门从事某些细分市场,以抵御"大公司",否则我将被整个市场吞噬。

> 这非常的难,若可能,当别人在定义模式的时候,打破模式。

听着,这些建议可能对选择按现有及传统规则参与的人来说是准确的。然而,我定义了我想要什么。在我的规则下,正如本章开篇列出的三项一样,传统条件并不适用,我不与任何人竞争,因为我打算成为独一无二的头号人物,打造精品咨询公司,与财富1000强组织及其兄弟公司合作。

如果你使用他人的设备，在他的场地打球，使用他的规则，雇用他的球员，你就会输掉这场比赛。

关键是你并非比你的竞争者思考得更加深入，因为这样做不太可能，而且会很累人。关键是做到没有竞争者，因为你已经定义了自己的竞争领域并编写了自己的规则（急转弯）。这家特种化学品公司做到了，避免了大量因陷入相似困境而带来的痛苦，在别人的规则里徒劳拼命。

我做到了，赚到了钱，并且写出这本书（这是第5版），因为我决定了游戏规则。不过，这一想法并非我自己的，这是世界上大多数成功的商人及企业家实践的结果。

不要担心比你的对手更聪明，因为任何有能力的竞争对手都会同样努力做到比你更聪明。诀窍在于没有竞争对手。

——沃伦·巴菲特

当你确立了你是谁以及将如何参与比赛，对竞争的担忧以及"是否大家都在这样做"的想法就会消失了。你始终需要知道竞争对手在做什么，但是你永远不需要担心他们在做什么。

我、另一位咨询顾问和一家公司的首席执行官一起（该公司是我们俩的客户），带着两个孩子从长岛蒙托克出发，进行了为期一天的钓鱼之旅。返程时，船舱有5条金枪鱼，鲍勃和我非常满意地回顾了我们在这个行业里凭自身努力所创造的生活。

我谈论说，没有比这更好的客户关系了。他指出了一些令我惊讶的观点："关系是一回事，"他说，"但是充分利用它所带来的机会会使我们这样的人脱颖而出。我认识的大多数咨询顾问都擅长争抢业务以及克服挫折，使他们得以生存。但是，很少有人知道如何利用成功，以及如何成功。"

鲍勃的观点对我同样意义重大。我们每个人都必须超越单纯的生存需求，并且理解生存不是唯一的要点。对我而言，能力是通过智慧和经验给我带来兴旺的生意，成功是我通过兴旺的生意带来收入从而实现个人及家庭的目标。我所推崇的多维度成长不仅仅属于你的职业化人生，这就是我为什么强烈提倡生活的平衡。当你个人越成长，你的专业度更高；当你的专业度更高，你个人成长越快。这就是为什么这项事业如此精彩。

随着你的成功，你将开始创造我所说的系列作品[①]。我指的是你最知名的几种类型产品的组合，你的出版物及演讲，你的公益服务，总体能体现你最擅长的业务的方方面面。在你刚刚开启事业的时候，你必须谨慎建立你独特的、行业第一的品牌和战略。当你的事业兴旺时，你的系列作品将为你说话，基于你取得成就的本质，展示你做得最好的领域，你的客户和潜在客户将会在这个独特的角度下看待你。

灵活的未来

这样，公司的未来就变成了您想要的样子。顶峰咨询集团有限公司将成为什么样子？我仍然不确定。我的孩子显然不会进入这个行业，因为一个孩子主修广播新闻后，成为MTV的艾美奖提名制片人，现在是独立制片人；另一个孩子主修戏剧后并取得美术专业硕士学位，现在在教书，他非常擅长镜头前和镜头后的工作。

我没有打算退休，因为我可以做我在做的事情——咨询、演讲、写作，可以做我领域内的思想领袖，这没有年龄限制，尽管我在不确定的未来里可以有更多的选择。

会有大公司收购我吗？很有可能——我确信等某个地方提供的报价高得我没法拒绝的时候。或许，我共事过的人或服务过的

[①] 当一个出版商表达对我的一本书的兴趣时，策划编辑告诉我，我有了一个"漂亮的书架"。过了一会儿，我才明白，她是指我其他书有扎实的销售收入。毫不隐瞒地说，我不知道是应该失望还是应该宽慰。

客户将会接管公司。坦率地讲，这对我来说不重要。

我的公司是并且一直都是我达到目标的手段。这个目标是家庭的幸福，追求兴趣，正如马斯洛需求层次里面说的"自我实现"。所以你看，公司的未来并不是那么重要，创始人的未来才至关紧要。你的系列作品比你公司的项目和定位更有决定性。它决定了你的价值，以及你对周围环境的贡献。我记得彼得·德鲁克说过，"一个组织不像是一棵树或者一个动物，仅仅靠物种的延续而成功。一个组织的成功取决于对外部环境的贡献。"

> 经验之谈：记住金钱是生活的燃料，真正的财富是可自由支配的时间。

对于个人而言，建立一家咨询公司，以改善其客户的状况，提高他们的员工的生产率和素质，提高他们的运营利润率，从而提高他们的客户和股东的幸福感，是对外部环境的最终贡献。若如此行事，你通过实现人生目标而取得成功，你就到达了无可企及的高度。

有多少人实现了我们的个人目标和职业目标——通过持续帮助他人实现个人及职业目标并且巩固其财富而积聚财富呢？

职业咨询顾问不仅仅是一个精彩的职业，更是一种精彩的生活方式。在追求的过程中，你可以赚取百万年薪，谁会拒绝呢？

第 13 章

创建公司

> 但是选择哪一种呢?

这里我不谈关于创建公司技术层面的话题(技术层面是很重要的)。我不是要忽略技术因素,是想在一个单独的章节进行讲述。现在,我想聚焦在你对未来必须要做出的一个最重要的决定上:你会是一个独立的从业人员,还是你会雇用员工,成为一个雇主?

当我说到"雇用"这个词时,我的意思是雇用有薪水的员工,他们可以获得五险一金等薪酬与福利(我已经讨论过分包商、联盟伙伴和其他外包方式)。有些人认为雇用员工是成长的必经方式,但事实不一定如此。

个体与群体

创建和发展业务的模式只有两种。正如我之前所说,咨询业务的关键是简化!

1. 独立从业者

独立从业者是指没有辅助人员的支持而独自工作的人。他们可以通过分包或外包的方式使其他人参与项目,但除了委托的项目费用之外,没有其他工资(有时,出于利润的目的"雇用"配偶或子女是有意义的,这方面请向你的税务会计咨询最佳做法)。

> **经验之谈**：一个独立从业者的目标是每年从企业中提取所有可能提取的钱，用税前的钱尽可能支付，保证每年个人收入和福利的最大化。虽然知识产权可以单独出售，但我们的目标不在于出售企业。

独立从业者的好处与坏处如下。

好处

- 你不需要在家外面有办公室；
- 费用是严格可控的，没有其他人可以在你的业务里花钱；
- 你的文书工作和报告要少得多；
- 你可以设计一个为你量身定做的退休计划（例如美国的退休金计划），而不必与他人分享或者为他人提供资金；
- 不存在人员管理上的问题，如盗窃、生产力低下或者内讧；
- 没有培训的要求；
- 外围关联成本少：保险、设备等；
- 分心的事情要少得多。

坏处

- 如果你有很高的持续的归属需求，你会感到非常的孤独；
- 没有与你业务密切相关的人充当你的参谋或者商议者；
- 你在处理同步进行的项目时，会遇到较大的困难；
- 如果你不能外包或分包的话，你必须自己做一些琐碎的工作；
- 如果你生病或只是不想起床，你可能会失去生意，肯定也会失去些动力；
- 对你个人来说，会非常频繁的出差，直到你发展出一个强大的品牌；
- 你可能会因为不得不承认自己是一个个体户而不是一个实体企业的负责人而感到不安全（尽管客户很少关心这一点）；
- 你经常需要在家工作，但家庭环境可能会对你的工作有很大的干扰。

2. 有雇员的公司老板

这是一个创立企业的人，需要投资建立基础设施以及雇用员工，目的是最终将其出售或作为遗产移交给家族。员工通常包括销售人员、业务员和行政人员，如果公司规模足够大，还将增加管理层。

> **经验之谈**：拥有员工的企业主的目标是有朝一日以其收入、利润或者摊销前的利润（EBITDA）的倍数出售企业。因此，企业主必须每年对公司进行再投资以实现增长，通常自己的收入也会受到这类需求的限制。

有雇员的公司同样存在好处以及坏处。

好处

- 你不必做琐碎的工作，你可以授权；
- 资源可以覆盖多个同步进行的项目；
- 你不必亲自出席所有交付现场；
- 公司内有其他人，存在拓展新业务的可能性；
- 你身边被各种各样的专业知识包围着；
- 其他人可能会对员工人数印象深刻；
- 激发了有创造力的辩论；
- 相互学习和最佳实践应运而生；
- 个人出差减少了；
- 如果员工配备得当，你可以迅速发展。

坏处

- 会有争论、羡慕、嫉妒和需要你干预的问题。你经常要当"裁判"；
- 你必须通过有竞争力的薪水、奖金和福利计划来雇用员工，这需要你"分享财富"。

第 13 章 创建公司

- 你可能因很多事情被起诉，包括非法辞退、性骚扰、不公平的工作做法、歧视。我不是说你会犯这些罪，只是说你会被起诉，这种事发生的频率惊人，辩护费也很高。
- 知识产权、材料甚至客户都可能被盗；
- 解雇生产力低下的员工通常非常困难，而且代价高昂；
- 你很可能最终成为唯一的业务创造者，因为很难雇用到能够创造新业务的人，能够创造新业务的人通常都是为自己做事情的。

好吧，现在你应该明白了。基本上，独立的从业者每年都会拿出足够的钱来满足自己生活方式的需要，并为退休做准备，因为如果独立从业者没有继续经营，就没有内在价值，也可能没有收入。拥有员工的企业老板每年都会做出牺牲，建立一个最终可出售的实体，以一种美好的方式来照顾退休人员的生活。

显然，我已经做出了选择。但我将深入讨论每一个选项，以帮助你做出明智的决定。关键在于：你不能心猿意马。就像，你不能一方面想着创建一个有雇员的公司，一方面又想着最大化你个人的年收入；你也不能一方面想着创建一个个体业务，一方面又想着在多少年后出售你的业务。

独立从业者的最高境界

在描述了上述案例之后，对于那些刚起步和有经验的人，在评估他们未来的时候，我明确建议单独行动。我承认，在某些情况下，对于某些内容，你需要员工，但这不是成长和幸福的默认模式。

我经营百万年薪俱乐部多年，80%或更多的参与者都是独行侠，从另外 20% 的人中，我听到了 90% 的人感到不满，一个关键人物走了，校长是唯一的教员，员工工作过度，官僚主义太严重，机会被忽视，真是一连串的不幸。我这样建议的原因有两个：

(1) 米开朗基罗因素（见第9章）。你应该做你喜欢并且擅长做的事。员工不会都像你一样对他们所做的事情充满热情，很多人只是在寻找一份可靠的薪水或一小部分工作（如交付）可以带来的激情。工作人员没有参与投资，没有利益在公司，也就没有雇主的心态。因此，当你不关注他们的时候（很多人在路上或在家工作），他们会松懈。当某些事情与他们的收入几乎没有影响的时候，他们无法进行有效地跟进。事实上，某些违规行为可能会让他们在公司过得更加舒服，然而你永远不会那么做，因为这是你自己的公司。

(2) 优秀的造雨人（业务人员），对于一个不断发展的企业来说至关重要，而这是极其罕见的。那些擅长销售和交付的人都已经开始尝试自己的创业实践。如果他们可以经营自己的业务而且进行简单的分包交付，为什么还要为你工作呢？

案例

我的一个好朋友卖掉了他的公司创始人资格，他拥有一家600万美元规模的咨询公司。当他离开的时候，他欣喜若狂地从毕马威咨询公司得到了一份工作。

然而，由于他是该业务的唯一来源者，公司要求他签署一份合同，要作为毕马威的一部分待两年。我们几个人警告他不要这样做，但他说，"他们让我马上成为合伙人，我只是要接受一些培训，两年后我就自由了，这是一笔很大的交易。"

交易完成两个月后，他很痛苦。他确实是一个"合伙人"，没有工作人员，办公室很小，他必须像MBA新手一样接受培训。没有人认为他是管理层的同僚，他那家老公司的发展势头却很猛。

> 不久后他心脏病发作，幸运的是活了下来，更幸运的是他能够解除合同。

> **经验之谈**：唯一比为你的事业流汗和流血更糟糕的是为别人的事业流汗和流血。

我经常和以前的精品咨询公司老板一起工作，他们像通过运动减肥那样慢慢裁员，越来越轻松，并向我吹嘘这是多么自由（好像我没有推荐过一样）！除了分包和外包以及工作的精简外，请兼职行政助理或研究员没有问题，你可以过没有全职员工的生活。

警告：不要欺骗自己使用分包商100%的时间。美国国税局有非常严格的规定，如果分包商年收入的80%以上都来自你，就应当属于你的全职雇员，不管你怎么称呼他或如何对待他。

作为独立从业者，我们需要市场需求、能力和激情三个要素来确保成功，如图13-1所示。拥有员工的问题在于，他们的激情和能力不仅不同于你，而且他们也不善于开发和满足市场需求。通常有三种需求：

(1) 已存在的需求，这类需求通常占领"常青树"的位置，如战略、领导力、销售等。

(2) 创造需求，当一个潜在客户表达其"需求"时，通过问"为什么"，找出真正的需求。例如，客户说，"我们需要战略撤退"，当你问为什么时，真正的需求就显现出来了，这是"在我们的战略框架内，在全球范围内做出更一致的决策"，而撤退并不能解决这个问题。

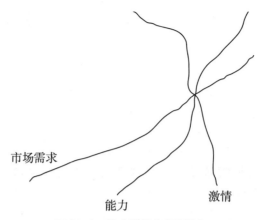

图 13-1　这些路径在哪里相交？

(3) 预期需求，意味着你认为全球化、人口结构变化和社会习俗变化等因素将改变潜在客户的想法。有针对性的例子是，向美国不断增长的西班牙裔人口推销产品，或是随着远程医疗的出现，在远程医疗中进行远程诊断和治疗。

如果你有市场需求和激情，但没有能力，你就会输给竞争对手；如果你有能力和激情，但没有市场需求，你的意见是无关紧要的，没有人想听你的信息；如果你有市场需求和能力，但没有激情，你做的就是一份朝九晚五的工作。

当两个或两个以上的合作伙伴共同开始创业时，这又是一回事，你们有共同的投资和利益关系，有共同的激情和能力。但即使是合伙人也常常随着公司的发展而分道扬镳。对于个人来说，创业冒着巨大的风险，最重要的是寻求可持续发展，在此过程中背负别人是没有意义的。

尤其不要背负家庭关系带来的担子，家庭是各种性质小企业的祸根。如果必须的话，可以给亲戚寄张支票，但不要雇他们。因为家庭成员的参与，很多时候会让业务流失掉，也有很多人在管理上会出现很大的漏洞。

一句话：独立经营，在需要时明智地外包和分包，简化你的个人劳动参与流程。永远不要忘记，做一个创造业务的人远胜于做一个每天去交付的人。

配置精良

这里有一些指导方针，帮助你开启你的事业以及让它有效地进行下去，而不是一直停留在起步阶段。

我认为在你挣到 200 万美元之前，你不需要任何全职或兼职的员工。你可能需要有人进行业务上的联络，但我建议你通过其他地方的互动获得机会，如健身俱乐部、社会活动、体育赛事、专业协会等等。或者，买一只狗。

只有在家里分心太多、空间太小的情况下，你才需要一间外面的办公室。如果可以的话，把一间空余的卧室变成一间正式的办公室，不要指望它在节假日亲戚来访时能起到双重作用。否则，你可以每月以很低的价格租用共用办公室的空间。它们通常包括接待员、会议室、复印机等(有些人，即使家里有空间，也可以通过临时办公室来更好地工作，这样很好，甚至还满足了一些附属需求)。

以下是你所需的资源，不仅可以为你的办公室配备人员，还可以创造你的独立生活。

1. 财务

你需要三种财务帮助，这些事项无法由一个人来全权处理，也无法交给同一家公司代理：

- ▶ 会计员，负责每月存款、付款、支票、银行对账单等文件，提供总分类账，并按类别显示收入和支出。我建议你对收入类别进行编码，以跟踪绩效，例如，咨询、辅导、演讲、产品销售等；
- ▶ 税务专业人士，根据需要完成联邦、州和地方各级的年度税收。他们将根据会计员提供的信息，建议你可能存在的缴付期限，处罚和托管事宜。现在所有的文件都是电子化的；
- ▶ 财务规划。你需要有人和你的律师一起告诉你，有关房产、遗嘱、委托书、投资等事项。他们不应该有产品出售给你，而只应该给你建议①。

所有这些人都是按小时收费的(告诉他们永远不要读我的书)，而且你通常可以在一个领域获得不同的推荐。

> **经验之谈**：做一切合法的事来避免高税收，但是永远不要试图逃税。

2. 法规

与财务领域相反，试着找一家公司(而不是像你这样孤军奋战的人)来处理以下所有法律相关事宜。律师也按小时收费，如果你不在法庭上，他们也不贵。

- ▶ 公司。这是一个可以合法创建你需要的业务类型的公司。你基本上只需要在初创阶段或以后做出改变时才需要这个律师；
- ▶ 专利和商标。律师可以帮助你的知识产权获得联邦保护，比如™ 或®，对保护这些资产至关重要。不要试图在网上花 60 美元来做这个！这就像和一个穿着雨衣的人在街角做投资一样；
- ▶ 诉讼律师。有时你会被起诉，陷入诉讼的麻烦里，或觉得有必要起诉某人。更常见的情况是，你需要一封法律信件，作为对抄袭、不付款或诽谤行为的警示，这需要诉讼律师；

---

① 如果为了长期的安全，你问一个保险专家应该买什么，他们会告诉你买保险(这通常是荒谬的)，然后会试图卖给你一份保单。

- 遗产规划。如前所述，你通常要为你的遗嘱和遗产与财务和法律专家合作。

我想你可以理解，当一家公司有能力在这些不同领域代表你时，就会有协同效应。

3. 保险

你将需要以下内容，为此你可能需要使用单独的代理（我在这里略过了那些显而易见的需求，比如健康、生命、财产）。

- 过失疏漏保险，俗称渎职保险。这是必不可少的，在你被起诉提供了错误的建议或执行了错误的建议的情况下，如果没有有效的过失和疏漏方面的政策作为依据，一些公司不会接受你的提议；
- 责任保险。在商业上，当你使用投影仪时，有人被电线绊倒了，他会起诉会议组织者、投影仪制造商、酒店、布置房间的人和你，这种保险就可以帮到你。这是非常需要的（正式的公司实体加上适当的保险，几乎在所有情况下都能用保险作为"防火墙"保护你的个人资产）。

另外，当你年轻的时候，考虑长期护理保险(LTC)是最划算的事情，它可以在你未来需要的时候提供家庭护理。此外，残疾保险是必须的，因为它在年轻的时候是最便宜的，而且在你职业兴旺时期，更有可能残疾而不是死在岗位上。确保你获得一份伤残保险，在你能回到正常或当前工作之前能给你赔付，而不会因为支付不够，你不得不开始任何工作。

4. 办公和业务需求

- 视觉效果。找到能够提供以下服务的优秀人员：
  书籍和产品的图形设计
  产品和宣传品视频制作
  宣传照摄影
- 印刷和出版。找一家本地图文制作室，可以提供高质、快速的印刷品服务。

- 运输。找一家豪华轿车公司，开车送你去机场，接来访的客户，或者带你在城里转。(我知道你们很多人都在想优步，我经常用它，但我不想等车的时候就不用了。我的感觉是豪华轿车应该等我，我不应该等豪华轿车)。如果你在一个城市有好几次会面，那么拥有一辆专属的车 (不需要你开车和停车的车) 使事情变得容易得多，而不是一次又一次地赶出租车或优步。
- 家里或办公室的助理。如果你一个人住，或者带着家人去旅行，你需要可靠的人来照看宠物、收发邮件、照料花园等等。我们不在的时候，更喜欢我们的房子有人照料，所以需要有人在我们不在的时候搬进来。这提供了极大的心理平静和更大的安全感。我就试过让他们把我忘了带的材料寄过来。
- 航运。为紧急发货创建联邦快递或 UPS 账户。注意：我们通过联邦快递将行李提前寄出，而不是冒着行李丢失的风险在行李传送带排队等候。我们也避开重量限制，这甚至适用于一些航空公司的头等舱 (特别是国际航班)。
- 后勤。有时你需要人运送大量的货物，或者做一些网络研究，或者搬运东西。

5. 互联网

在我们的行业，理想的买家是企业高管或小企业主，网站是信誉声明，而不是销售工具。忽略 SEO(搜索引擎优化) 和过于复杂的网站装饰，找一个你喜欢的网站，问问是谁设计的 (通常在屏幕底部)，然后做一个合适的选择，所有这些人都按小时收费。

你可能也想创建一个博客，作为你营销重心的一部分。确保你可以自己做所有的内容：文本、照片、视频和音频。

这是一家没有一个员工却配置精良的公司！是一台精干的财富机器。

造雨人是濒危物种

重要的是要认识到能够创造新业务的价值，创造新业务通常被称为造雨。

实际上，每一个成功的独立从业者都应该是一个造雨者。如果不是，最终，我们的老客户的关系会干涸，给我们的预付费会用完，现有客户的潜力会耗尽，偶然性的业务也会消失。在这一点上，我们必须创造新的业务。

如果你调查大多数拥有全职员工的精品咨询公司，很大概率你会发现一个唯一的造雨者——创始人或所有者——在做员工(农民)工作的同时创造新的业务。不管你给这些农民多少激励和培训，他们都不会去猎杀那些长着牙齿和爪子的动物，他们要灌溉玉米，收割小麦。

由于规模和增长需要，你会在大公司发现多个造雨者。但对于麦肯锡、贝恩或德勤(他们通常是合作伙伴)的每一个造雨者来说，你会发现几十个实施者都依赖于他们的造雨，而且报酬要少得多。

案例

我在指导一个住在美国中西部的叫菲尔的人。他有一家8个人的咨询公司。有一次，他告诉我，他不能买他想要的梅赛德斯，因为上一年的业绩低于预期，他不能向他的8名员工支付全额奖金。你猜对了，在这种情况下，他为买一辆昂贵的汽车感到内疚。

请注意，投资和风险是他的，但他觉得这8个人是他的恩赐。菲尔48岁，吸烟，超重50磅，75%的时间都在出差。每当我们谈话时，他不是在旅馆房间里，就是在去或离开旅馆的路上。

> 有一次，他欠我一些下一个合作周期的费用，因为没有支付，所以我打电话给他。他的妻子回答说，菲尔因为心脏病发作死于波士顿的一家酒店房间里。

如果你需要帮助来交付业务，最好分包或外包，或雇用所需的最低限度的工作人员来满足交付的需要。但千万不要超出这些需求，也不要试图有固定的员工。如果你真的打算成长为一个公司，并最终出售，你必须有成功的造雨人团队，以证明业务不是依赖于你作为唯一的造雨人。我估计人员配比大概在1:10——一个造雨者创造的生意足以让十个农民在这些田地里忙碌。

但如前所述，造雨者很难找到，也很难留住，因为他们和你一样，也有自己的能力。如果有人试图告诉你，或者对你的新车说交付是客户成功的关键，我会提醒你和他们，交付的人比花园里的野草更常见，而造雨的人比大脚野人更稀少。

我们需要研究一下为什么，这样你才不会犯这些愚蠢的错误：
- 以为你能把交付人员训练成销售人员；
- 认为你可以通过出色的工作就可以在电话旁等来销售；
- 认为你可以很容易地找到和雇用造雨者；
- 以为你可以轻松地为造雨者创造报酬；
- 认为你自己，是一个天生的，不需要进一步的技能来销售新业务的人。

> **经验之谈**：这是营销业务，而不是咨询业务，它需要在理想客户中创造需求，并销售你的特定服务来满足这种需求。

这项业务中销售所需的行为如图13-2所示：高度自信，较高水平的说服力，适度的耐心，对细节的关注度略低于平均水平。这背后是一个相对较高但并不狂热的道德标准。

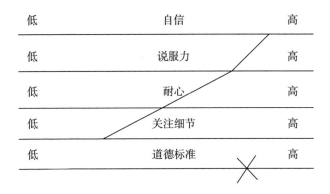

图 13-2　理想的销售行为模式

　　造雨者在销售时需要高度的自信，而不是说服力。需要耐心，接受重复工作，因为销售工作在许多方面总是相同的（见第 5 章我的建议书模板）。但是每个客户都是不同的，需要灵活对待（建议书中的内容可以按照客户的需求进行更改）。我们不太注重细节，因为造雨者必须是"大局"思考者，细节可以交给交付人员[①]。

　　支撑这个论点要有一个道德上的牢固基础。只有这样，个人才不会被视为滑头或狂热者。

　　因此，除了我们通常认为的销售技巧和特质（比如结束语、关系创造、产品知识等等）之外，我们还有一些行为特质需要掌握。这些行为特质很难有准确的轮廓描述，而且几乎不可能在一个擅长交付的人身上被发现。这些行为特质需要低自信，高耐心，并高度重视细节的人。

　　这就是我最终退出培训行业的原因，虽然我能做培训，但我对培训并不着迷，也从未对培训充满激情。我享受打猎的刺激远胜于耕种田地。

---

　　① 顺便说一句，这就是为什么把最好的销售人员提升为销售经理，或者最好的运动员升为管理者是可笑的，因为两者所要求的行为是完全不同的。

一旦你有了一个强大的品牌，你就是一个思想领袖，而且有很多人在谈论你，造雨的重要性就会下降，因为人们经常来找你。如果你已经达成了这样的状态，那已经做得很好了。

但是，如果你正在创业，或打算大幅发展业务，或期望改变市场和买家想法，你需要成为自己的首席造雨者，并且需要通过指导来增强可以传授的技能。

第 14 章

杠杆作用

少投入，多产出

给我一个杠杆和支点，我能撬动地球。

——阿基米德

个体从业者（和精品咨询公司所有者）需要创造杠杆作用。正如你在图 14-1 中所见，一旦扎实掌握基本要素（从寻找经济型买家，提供建议书，到推动在加速曲线上的移动等），组织和实践就会取得快速成长。然而，增长会逐渐放缓，进入一个停滞期。

经验之谈：为了在当前的加速基础上继续发展，应该在停滞期到来之前，跳到下一个增长阶段。

X 代表你需要启动的点，因为当你滑行而非加速的时候，当你有一段很长的路程需要穿过的时候，你很难从停滞期进到下一阶段。我称虚假的舒适的成长稳定期（停滞期）为成功陷阱。你相信自己成功的时候，你就开始走下坡路了。（我大学时的一个伙伴在他 4 年婚姻生活结束时告诉我，"直到她告诉我她要离开时，我还是一个快乐的已婚男。"）

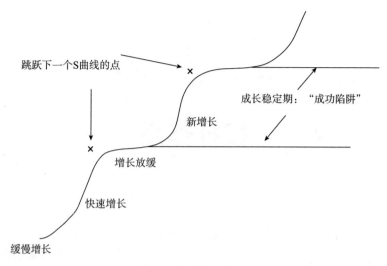

图 14-1 S 曲线力学

联盟

联盟是与平等的伙伴结成的 (不管对方公司的规模大小)，用公式来比喻，看起来就像：1+1=150。如果你创造项目的价值是 100 000 美元，你的伙伴创造项目的价值也一样，那么共同承担 200 000 美元的项目是没有意义的，共同承担 400 000 美元的项目才有意义。

在老电影《甜心先生》里库巴·古丁常常要求"给我钱"，直到看到钱他才相信另一方是真诚和真实的。现在，再结合经典的快餐巨头温迪的商业广告"牛肉在哪里"。当考虑联盟伙伴时，这些是极好的适用标准。

大多数的联盟是相对简单的，因为某一项目或某一客户而组成。当需要两个非竞争的技能或行为进行最优组合以满足客户需求并且创造竞争优势时，联盟就自然而然的发生了。我最久的联盟是和杰出的演讲家及教练帕特丽夏·弗里普，我们一起创建了 The Odd Couple®，并且运营其工作坊和相关作品近十年。

不要让自己卷入理论上的联盟及概念里。这种情况意味着，从一开始你们就没有到达起跑线（更不要说终点）。这是一种异常的智力游戏，双方都在猜测若一个合适的客户寻求联盟的时候，谁将为谁做些什么。

"给我钱！"

"牛肉在哪里？"

以下是联盟的规则。当项目成熟的时候，如何分享费用的方法请看第 8 章关于费用和公式 (50% 为获取业务，30% 为方法，20% 为交付) 的相关内容。

(1) 确保你们双方都是专业的并且关系和睦。你们不需要是亲密的朋友，但是你们需要彼此尊重和信任。另一方的价值观和运营理念必须和你的相似。

(2) 绝对不要把关系合法化。不要合并资金，不要改变商标，不要共享注册，不要共同创建知识产权。联盟可能很短命，你的伙伴或许会卖掉生意，或许会退休。终止商业合作的法律纠纷正如身体和灵魂上的离婚一样困难。

(3) 记录所有的承诺：费用分摊，谁收款，谁交付，谁处理客户的咨询，谁支付费用等等。你不需要律师，一份共同起草签字的协议即可。

(4) 对于手头上的事情严格采取联盟方式，不要无固定期限。需要的时候你总是可以更新再续，这样总是比你在不需要的时候取消容易多了。

(5) 和你的联盟当事人最少亲自会面 4 次，并且和其员工会见一两次。在不同的情况下进行互动是非常有价值的，比如吃饭时，一天的开始，一天的结束等等。打电话至对方的办公室，访问其网站，检验是否有疏漏。

(6) 不要分享超出特定客户的信息。没有理由去分享客户清单、背后金主或潜在客户。在商业中的联盟是为了满足具体且短期需求,并非永久。

(7) 跟进你的伙伴。不要想当然认为伙伴部分的项目进展得非常顺利。询问客户整体的项目进展——这是对你伙伴进展情况立见分晓的检验。

你可以通过搭档创造巨大的杠杆作用,前提是你在筛选的过程中足够明智,并且积极组织和维护这份关系。

另外两件事情:

- 不要允许你搭档的收费方式暗中破坏你的收费方式。如果你的搭档在使用小时收费,要么单独给其账单,要么说服对方使用你的方式。不要和忙于按小时收费的人搭档,否则你将会有损失。
- 不要把你的品牌归至搭档的品牌之下。保留你的名片和商标,自始至终使用它们。即使你在和一个大得多的运营联盟,保持你的形象和品牌的完整性。在所有关键性文件上保留你的名字,从建议书至担保品,从报告至费用报销。

在30年间,我有大概三次有益的联盟。你或许有更多,但是不要期望太多。

分包

分包商是极好的起到杠杆作用的资源。他们通常按小时或按天数工作(不要向他们提起我的书)。他们喜欢我们工作的交付方面,所以他们的积极性和绩效通常很高。

尝试建立一个这些人的"银行"。以下是一些最佳实践:

- 使用你可以信任的熟人。作为对其质量和可靠性的回报,

第 14 章 杠杆作用

把你大部分的工作交由他们。
- 总是有备份。你的首要人选或许手头有冲突的工作或者有个人优先要处理的事项。
- 告知你的客户你将使用分包商,以免引起意外事端。
- 向分包商全面说明你客户的业务以及对此项目的需要。
- 总是给予明确及清晰的任务。不要要求分包商"设立并且运行焦点讨论小组",但是可以在 4 月 14 日从早上 9 点到 11 点在客户的办公室与客户的特定联系人一起运作团队。
- 禁止你的分包商以自己的身份与客户进行任何销售和市场探讨,包括询问信息和联系人。
- 就如何收费、费用报销以及时限等制定清晰的协议。(我的一个分包商和她在对面海岸的男朋友大吵一架,花掉了数百美元电话费,而她迅速把费用转嫁给我。)
- 制定清晰的费用和支付计划。如果按天收费,详细说明是一整天的工作量还是部分。如果按小时收费,详细说明你能接受交付的最大小时数。
- 清晰说明知识产权、商标、版权等完全为你所有,任何提供给分包商使用的资料必须根据要求立即归还。(为了便利,你可以选择让你常用的人保留一些项目资料。)

如果你在选择分包商的时候不够谨慎,你的风险在于使用他们的时候要花费更多的时间去评估他们的工作,修改他们的错误并且担心他们的诚信。分包商会接私活,这是众所周知的。(我常遇见凯里豪华轿车司机给我名片,告诉我如果不通过预定中心下单的话,可以提供更好的折扣。)

分包协议

在琼·拉尔森代表顶峰咨询公司在 Acme 公司开展工作的时候,琼将遵循以下协议开展工作。

(1) 你以顶峰咨询公司的分包商的身份进行工作。任何时候你均不可以分发你的个人商业名片或者谈论你的个人业务。

(2) 任何时候你均不能对你个人的业务进行推销。

(3) 你将按照顶峰咨询公司的指令实施相应的活动，不接受任何来自客户方的变更、调整或新的条件。任何此类客户诉求需要交由艾伦·韦斯做决定。

(4) 你的费用将在收到收据后的十天内，每月进行报销。你将在当月的最后一天提交费用信息。报销内容包括享受教练项目折扣的机票，出租车，餐饮（每天不超过 75 美元），市中心万豪酒店的客房，以及小费。其他费用包括电话费、娱乐费、洗衣费等不在报销之列。

(5) 在顶峰咨询公司同意及要求的情况下，现场办公每天的费用为 1 500 美元，非现场办公每天的费用为 750 美元。你同意指派给你的任务将会在 60 天内完成，其中包括 15 天现场办公，4 天非现场办公。即使需要额外的天数，付款限额依然按照之前注明的天数计算，你将完成下列工作：

▶ 开展 12 次小组座谈，每次 90 分钟
▶ 分析并为进展中的每个小组制作报告
▶ 分析并为总体的小组练习制作报告
▶ 和艾伦·韦斯会面以进行总结并探讨最终报告

费用将会在你准时提交每月的总结报告（包含所有单独的小组座谈进展报告）后的十天内支付。

(6) 你开展的所有工作以及提交的所有资料均为顶峰咨询公司的财产。你不能在与你客户的交谈中或者书面交流中引用这家组织的任何信息，所有与顶峰咨询公司及 Acme 公司的交流都是保密信息且要遵守你所签

订的保密协议。

（7）你将履行职业操守，遵守商业道德和利益，并且满足上文提到的工作要求。如果 Acme 公司和/或顶峰咨询公司认为你没有遵守，将会结束合约并且停止付款。

以下签字，代表你对这些要求完全同意和遵守：

琼·拉尔森

日期：_____

有三种特定的方法可以减小工作强度：业务模式流程化，把工作任务转移给客户，以及使用分包商。使用高质量的支持，会产生适度的费用成本，可能让你的利润稍微低一些，但是将为你创造更大的财富：你可自由支配时间的巨大提升。

现在我们一起看一看另一种极好的外部帮助。

外包

我所说的外包实际上是一种可以依赖的专业服务网。一个独立咨询顾问可以通过外包工作来发挥杠杆作用。

以下是一些你需要考虑的可以持续发展人际关系的领域。注意你是为绩效付费，不要与只做一锤子买卖的人合作。

（1）网络。你需要有人帮你建立网站、博客以及其他的网络需求，在需要的时候可以快速且有效的进行变更。你不需要建立一个顶级的网站，也就不需要聘请顶级的网络公司。只要确保你可以快速进行调整，并且你可以方便地自己增加文本、音频和视频。如果你想要自己设计和创造网站，即使你在这方面有相应的知识，这也会耗光你的精力。雇人去做，他们按小时收费，你只需要提供参考内容和工作样本就好。

（2）设计。有时你会需要为你在写作的一些内容创作一些图像，或者为展示做幻灯片。让一个好的设计师为你处理这些，只需把你的想法在草稿上传递过去。有人告诉我只需花500美元就可以拥有一套不可思议的幻灯片软件，但是要掌握软件且运用得好，花费的时间将会是很高的，而且结果并不一定比专业人士做得更好。

（3）印刷。使用如速必得、印馆、金考（甚至史泰博）为你进行文本印刷。他们会把你的母版保存在电子文件夹里。我的所有的印有信头的信纸和商业名片都是由专业机构提供。

（4）豪华轿车。即使在优步的世界里，很多时候你希望有车从机场接你，或者在雨天载你在城里转转。我使用一家本地公司进行机场和火车站的接送，在世界的其他城市使用凯瑞国际提供服务。所有的账单按月集中结算。

（5）运输。我建议同时拥有UPS和联邦快递账号，这样你就可以在时间充足的时候用便宜的邮寄方式，并且国内和国际运送都很可靠。你可以通过网络下单。当我出差和度假的时候，我甚至提前邮寄行李箱。我可以进行追踪，并且无需在行李提取处等待，还避免了丢失行李。

（6）记账。试着安排人去记录收账和支付，并且去和你的税务专家协商需要的是什么且格式如何。你不要浪费时间在软件上去协调你的账目。这种帮助是非常便宜的，并且每月可以节省你大量的时间并且减少失误。

（7）出差。当有过多的出差地点时，处理航班和酒店是一项巨大的烦扰。有一位专家知道你的偏好并且能提前预测就太好了。我强烈建议美国运通的白金卡。它对旅行太有帮助了，能够直接把账单划在你的卡上（不论怎样你都需要），并且是7天24小时在线。它可以在旅途中根据你的需要改变你的出行计划，可以协调行程、酒店、用车、晚餐、活动等。它可以提供机场休息室并且通过多个城市的国际机场加速旅程。（我有一张黑卡，当我们有家庭紧急事宜时，美国运通能够在收到很短的通知后，一天内把我们从卡普里岛运回到曼哈顿的家里。这包括私家车、轮渡、转机，以及在纽约等候的套房。）

（8）维护。冬天下雪时私家车道的清理，暴风雨后你家花园杂物的清理，你家的路面安全等等，找人帮你做这些事情，这样你就不用在这些事情上花费时间，你可以在任何天气下接待客人，拜访你的人看到的一切都井然有序。

> 经验之谈：总要优先使用本地的外包服务，因为他们对现金流有强烈的需求，你可能时不时需要他们允许你"插队"优先处理紧急事件。当然，如果你欠他们钱，这就不大可能了。

你可能会考虑以物易物（贸易方式）的方式，在不伤害现金流的情况下来交易这些服务，但这不是一个好主意。

首先，当你以物易物的时候，你需要找到等同的价值。两天的教练价值抵得上两个月做账吗？一次商业建议的电话抵得上往返机场的车程？

其次，当你以物易物时，你伤害了客户/供应商的关系。如果被认为是不充分、不正确或者无益处交易物呢？你"欠"对方的债可能就不仅仅是付款了。

第三，以物易物需要你的时间，当你或许在省钱的时候，你在消耗你的财富——可自由支配的时间。在我的书中，这是一个很糟的交易。

第四，美国国税局认为以物易物的服务也是需要交税的。如果你免费搭车，收到免费的旅行建议，免费的瑜伽课程，这些依法都需要交税。若是你没有上报，你会被罚款。所以你节省的并不是你以为的现金。

我的建议是一分价钱一分货。想要你的业务产生杠杆效益，投资在一种对你有利且高质量的杠杆上。

第 15 章

创建并保持激情

> 大教堂历时数百年

处理常务

为了使你的生意顺利进行，你需要使工作常态化。这意味着你必须进入一种状态，处理那些经常出现的问题。

以下是我对你的企业实际管理的建议，这样做了，你就可以在没有任何全职或者兼职员工的情况下进行独立经营，当然必要时可以外包部分业务。

雇用员工可能给你带来压力，有时候还很昂贵。所以下面我将介绍如何进行独立经营，避免雇用员工的烦恼。

当你早上在家里起床，洗完澡，锻炼身体，遛狗，读报，冥想，或者任何你的养生法(养生法很好，是日常生活的一部分)后，查看隔夜的电子邮件。这时你有 4 件事要做：

(1) 对你能及时做出回应的，迅速做出回应说"谢谢"，或者提供信息，或者回答问题，或者同意预约，然后删除它们；

(2) 在桌面文件夹中放置那些需要更多思考或工作的部分。如果它们很重要的话，在当天晚些时候找到它们。不要试图现在就回应它们而耽误了你的早晨；

(3) 把你想保留的东西，如客户摘要、业务方向或背景信息，放在对应的客户或项目文件夹中；

(4) 删除所有其他的内容。

> **经验之谈**：在一天结束时，你的办公桌和电脑桌面应该是干净的，上面什么都没有。没有人愿意在早上面对一桌剩菜剩饭。

你不必保留所有客户或潜在客户的信件。如果你不确定的话，留一个"年度"文件夹，里面按月分为子文件夹。如果你不确定还有什么可以处理的话，把每月的信件放在里面，不管是收到的还是发出的。

检查你的每日日历，提醒自己你的优先事项。你可能会有客户电话、潜在客户跟进、写作、推荐电话、项目回顾等等。这些都应该写上规定的处理时间。人们之所以拖延，是因为虽然他们永远不会在下午3点取消与客户的约会，但由于没有分配时间去做，他们会认为忽略原本计划好的写作工作是没关系的。因此，你需要时间来处理优先事项。

接下来要说的内容可能是违反直觉的，也许是反高科技的，比起现在常用的电子日历本，我强烈建议使用实物的日历本，比如：备忘录。日历让你一眼就能看到一整天，一周，一个月，甚至一年，你不必滚动。备忘录可以放在你的办公桌上，记下你的优先事项和时间。当事情完成时，你可以马上把对应的记录划掉。每当我和其他人约见面，要查询时间时，总是我用我的备忘录找得最快，而他们则在平板电脑和手机上像疯了的啄木鸟一样发出咔嚓声。

每天你应该有不超过三个或四个的个人和专业上的优先事项。这些都是必须解决的问题。一定要"分类"你的项目。例如，你不应该坐下来一口气写完一本书的一章内容，你应该把一个20页的章节分为4部分，每次写5页；你不应该一次跟踪10个推荐客户，而是一周内每天跟踪两个。这相当于迪士尼乐园的排队等待队伍很长，但有计时标记（"你还需要等待30分钟"），这带来了持续进步的感觉。

　　工作时不要被打断。告诉你的孩子和伴侣，当门关上的时候，你不能被打扰。午饭前不要再检查你的电子邮件。（没有所谓的"紧急"电子邮件。如果有紧急情况，对方会打电话。）除非你有电话预约，否则请保持你的电话转接，Skype等类似的工具也一样。注意：人们并不期望没有预约的访问，但他们对快速响应会感到高兴。

　　早上两次和下午两次查看语音邮件，并回复相应的电话。不要在晚上查看语音邮件或电子邮件，除非你在全球开展业务，并期望海外客户与你联系。

　　好好吃午饭。散散步，坐在外面做些私人的事情。尽量在下午4点之前结束你的工作，这样你就有一个小时的回旋余地，直到标志性的下午5点结束工作。我每周在家工作20个小时，尽量在下午2点之前去游泳池。不过，我不是一直这样做的，以前没有我们现在拥有的技术。从前，我们都要坐飞机去见客户！

　　现在来看一些其他的常规方法：

　　(1) 一个月付两次账单，在每月的第十五天和最后几天。它们永远不会过期，你也不必每天对它们大惊小怪。

　　(2) 永远不要和那些只想一起"探索"或"借用你的大脑"的人见面。他们总是试图得到免费帮助或让你帮助他们推销。

　　(3) 任何你在下一期出版之前没有读过的期刊，无论是纸质版还是电子版，都要扔掉并取消订阅。它们确实没有那么重要。

　　(4) 不要在"工作时间"上网，如果必须的话，可以在晚上上网。

　　(5) 在社交媒体平台上保持低调，否则你可能会被拖进一个巨大的时间垃圾场。如果你发帖是出于商业目的（例如，试图与领英上的某个潜在客户建立联系），那没关系，但是发帖（或回复）只是为了"证明"帖子正在被阅读，或回复最新的阴谋论或政治废话，是令人沮丧的、有压力的，也是浪费时间和精力的。不要自欺欺人，社交媒体的使用并不是企业的市场营销，企业市场的决策主要是基于同行推荐。

(6) 不要轻易说出你的手机号码。对于非常重要的客户、亲密的朋友和家人来说，这是有意义的，但仅此而已。别一直开着它，它在不断接收信息！你不应该在公共场合讨论私事，也不应该在和别人谈话时接非紧急电话。如果你耳朵上戴着一个闪烁的蓝色金属小玩意儿走来走去，你还不如戴上一个口袋保护器。高管们从不戴耳机。

(7) 准备好纸质的名片和信纸，你永远不知道什么时候你会需要它们，把你的实际地址放在你的网站上，有些人可能只是想给你寄张支票！（如果有人真的想跟踪你，不管你的地址是否在你的网站上，他都会想到办法！）

(8) 对你的文件使用智能备份，可以是外部硬盘，也可以是云空间，或者其他什么，但不要过分依赖这些高科技。

最后，把钱花在一个舒适的工作场所。把多余的卧室变成真正的办公室。拥有现代化的布线、照明和办公空间。我让一个设计师观察我工作的状态，然后根据我的习惯建立一个办公室。这笔钱花得很好，投资回报率很高。

咨询委员会

许多独立从业者使用咨询委员会来获取客观的建议。假如谨慎选择，它也可以成为推荐业务的良好来源。当咨询委员会的成员认为它是一种双赢的关系，而不是必须为你做一件事时，咨询委员会是最成功的。

以下是我对一个非常成功、坚定承诺的咨询委员会的标准，包括协议和人员两部分：

协议

- 不要经常见面，尽量当面见。我的建议是每季度一次就可以，一年两次可以接受。如果会员距离太远，要么支付他们的交通费，要么使用互联网与他们远程互动。
- 最长的会议时间应为一天，并有明确的会议议程。半天的工作早餐或午餐也不错，而且没那么繁重。
- 你不应该向你的咨询委员会会员支付费用。如果你想向他们最喜欢的慈善机构捐款，那没关系。
- 永远不要把客户或潜在客户放在你的咨询委员会上，这明显会产生利益冲突。
- 在一个正式的会议室，而不是餐厅和你的家里开会。营造商业氛围。穿着要得体。例如，如果你觉得有人会穿西装出现，那么你也不要穿牛仔裤。
- 记录会议(在每个人允许的情况下)或雇人做笔记(会议记录)。别自己动手，你会错过太多的。从一家临时中介公司雇用一个知道如何记笔记和抄写笔记的人。完成后将这些笔记分发给成员，并将其作为议事程序的一部分。在某些情况下，它们在法律上可能很重要。
- 不要让咨询委员会成员有否决权。他们是提建议的人，他们不能要求你做或拒绝做某事。不要投票。
- 理想的人员范围可能是5到7个成员。这样，如果一个或两个人不能出席，你仍然可以有一个很好的会议。提前安排好你的会议，以便列入每个人的日程表。
- 在会议间隙，向成员通报新业务、财务或法律相关事项、新产品等。让他们感觉自己是你工作的一部分，而不仅仅是一个偶然召开的会议的成员。

> **经验之谈**：如果你能给你的咨询委员会取个名字，那就更好了，在你的网站和其他资料中描述这个委员会。

- 制定"期限"。我建议两年，如果你和其他人愿意，可以续约，但这也给了你一个机会，让你开除那些不出力的人。（请参阅下一个列表，以确保从找到正确的人开始。）
- 向公众描述咨询委员会的存在和组成。开设"访客专栏"鼓励会员为你的博客或时事通讯投稿。
- 在会议间隙邀请成员参加活动。例如，一个营销活动、招待会、研讨会或聚会都是将董事会成员与客户和潜在客户结合起来的绝佳方式。把他们放在可以非正式地"传福音"的地方。
- 向他们求助。确保你有权在会议间隙单独向他们寻求帮助和建议，尤其是在与他们专业知识相关的问题上。
- 把人们介绍给他们。只要有可能，给你的咨询委员会成员引荐潜在客户作为回报，并明确表明你是信息的来源。

人员

- 过去的客户对你的咨询委员会而言是很好的人选，前提是你不会为了将来的工作要去追着他们。如果可能的话，退休的买家是特别好的人选。
- 不要以为你的律师和注册会计师是很好的候选人。他们的专业特长往往很出色，但做生意却很差劲。（几乎所有人都是按小时收费，结果工作太辛苦了。）你可以随时打电话给他们寻求法律和财务建议，你最好按小时支付他们的费用，而不是把资源浪费在咨询委员会的空位上。
- 一定不要让家庭成员参与。不要让你的配偶或伴侣旁听会议。
- 如果可以的话，找一个"名人"（不一定是家喻户晓的名字，但一定是你所在领域的知名人士）。许多成功人士在这方面都出人意料地大方，只需询问一下就行了。
- 创造有价值的相互作用力。换句话说，有魅力的人会吸引像他们一样的人。如果你能得到一两个关键人物的认可，别人会更容易接受你。
- 理想的咨询委员会成员的"类型"具有以下特征：
  - 经营自己的生意；
  - 有可以帮助你的人脉，可以利用这些关系来创造对你的价值；
  - 拥有营销、技术、财务、媒体、推广等你所不具备的专业知识；
  - 会在一开始就对你的会议日程作出承诺；
  - 具备良好的人际交往能力，不会喧宾夺主，能处理不同意见，有幽默感，遵守规则；
  - 一个你喜欢和他在一起并尊重他的人，一个能以专业的方式给你坦诚的反馈，无论是正面的还是负面的。
- 选择那些你信任的人，他们会知道你生意的私密信息。如果你因尴尬、不信任或偏执而对咨询委员会有所隐瞒，你就是在自杀，还不如解散它。

你不需要一直有顾问委员会，在你成长的某些阶段你可能会有一个顾问委员会，其他时候不一定有。它应该是一个为你提供贡献的组织，而不是无意义的"附属机构"！它应该主动地（会议、建议、参与）和被动地（让人们意识到它的存在）为你服务。它可以让你在实践中感受到更多的"分量"，但你也可以摆脱它。

咨询委员会在发展业务和给你力量方面是有帮助的、有活力的。话说回来，我从来没有过咨询委员会。

法律风险及意外

我之前讨论过两种商业模式（个体从业者和精品咨询公司所

有者）以及每种模式的优缺点。现在让我们检查一下从业路上的各种岔口、意外的弯道和可能遇到的快速车道。

法律诉讼

你可能会被起诉。但不要大惊小怪，这是常事。

这就是为什么你需要一个非常好的律师。这就是为什么你必须投保过失和疏忽（渎职）险和责任险。

你可能会被认为你的建议造成严重伤害的客户起诉。你可能会被客户员工起诉，他们认为他或她遭遇解雇或降职是基于你的不当建议。您可能会被任何人提起诉讼，比如被投影仪的电源线绊倒的人，即使你是用来显示幻灯片，即使你不拥有这台投影机。你也可能会被其他专家起诉，他们认为你未经允许擅自引用了他们的工作成果。

除了保险这种预防偶然事件的措施之外，预防措施还包括：

- 记录你与买家的讨论内容，在会议或电话后立即做会议摘要。在适当的时候，向买家发送会议摘要，并要求他确认这些摘要是否准确。
- 如果你的想法或模型是从别处学来的，一定要把它归因于别人。我经常说，"我不知道这是谁最初提出的，但我是在这里读到的。"或者我会说，"我是在征得了琼·琼斯(Joan Jones)的同意后才使用的，琼·琼斯是这本书的作者。"有一次，我收到了一笔巨额的和解赔偿款，有人把我的整个建议书模板都纳入到他自己的书中，但他根本没有提及我，也没有承认我的版权。
- 确保你的建议被准确地执行，不被扭曲。要与买家和实施人员保持密切联系。
- 不要接受"临时"首席财务官和销售副总裁的职位。临时挂名意味着你将有责任，但没有权力，这些是道德雷区。把它们变成正常的咨询任务，但不要让自己成为事实上的雇员。

▶ 当有疑问时，先向你的律师核实。

财务选项

确保你有一个健康的信用额度。把你所有的业务(抵押、投资、储蓄、支票)放在一个机构，这会增加你的财务杠杆。

> **经验之谈：** 如果银行借给你1万美元，你就是它的客户。如果一家银行与你有数百万美元的利害关系，你就是合伙人。

最大限度地提高你的退休基金。我见过太多50多岁的人，银行里有30万美元，但这笔钱的购买力已今非昔比。(10万美元已经不是以前的样子了，大约25年前，有一小部分汽车的价格为10万美元。今天，有几十万美元的人还是会选择步行。)为突发事件设立一个储蓄基金。确保你的公司章程是最大限度的支付税前的费用开销。可以从如下几个方面考虑现金需求：

▶ 退休储蓄
▶ 大学／结婚／特殊事件的费用
▶ 为未投保的损失、冲动性度假等提供备用金
▶ 偿还抵押贷款和汽车贷款以外的所有债务
▶ 增加生活方式选择(房子、汽车、旅行、衣服)
▶ 慈善事业

只要你有在短期内偿还债务的计划，不要担心选择短期债务。事实上，及时偿还短期债务通常会提高你的信用评分。

所有权和养老金

你很可能会产生被动的收入，这种收入在你离开公司后会持续下去，不管是退休、出售还是死亡。你应该和你的律师一起决定如何在你的遗产和受益人中处理这些年金收入。这不是病态，而是谨慎。你已经建立了宝贵的知识产权、商标和关系网，这些资产应该受到保护。

在你工作的黄金时期，你成为残疾人的可能性比死亡的可能

性要大得多。这就是为什么我建议用购买伤残保险来应对突发事件，直到你可以归正常工作。

有时候，你可能会变得厌倦你的业务。

在图 15-1 中，你可以看到"模糊区域"，我将其定义为一个时间段，即现在或将来的某段时间内你不确定路线时，即使你清楚目的地在哪儿。(这既适用于你的客户，也适用于你。)你必须相信你会找到路，相信你有足够的光线，相信你能纠正错误的道路。

这使你能够不断地"改造"。咨询业务往往会因为过时而失败。原来的热情和激情都消失了，取而代之的是"老一套，老一套"的庸碌心态，像西尔斯 (Sears)、无线电器材公司 (Radio Shack) 和奈飞公司 (Netflix) 这样的大公司都遇到了这些麻烦。奈飞公司在损失了超过 15% 的收入后，得以将自己重塑为电影制作方。并不是每个人都有这种韧性。

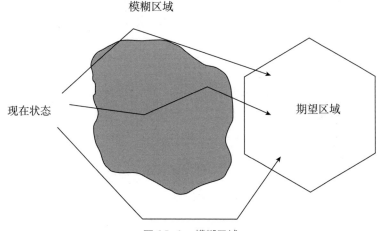

图 15-1 模糊区域

3M 曾一度制定了一项公司战略，规定其数十亿美元收入中的 25% 须来源于 5 年前还不存在的产品。我 75% 的收入是来自三年前不存在的服务。

你必须清楚你的未来状态，并找到在穿过模糊地带时足够舒适的方式。这不是规避风险或过于保守。一种可能的情况是，你失去了热情，你的工作受到影响，你的业务前景下降，迫使你寻找你并不真正认为合适的客户。要避免这种不测，就要在通往新环境的旅途中保持舒适。

风险和影响

第一次有人告诉我，相比死亡，我有更大的机会成为残疾人，我说："嘿，太好了。等一下。你在说什么？"

这些年来，有三个客户问过我，如果我死了会怎么样，其中两次是在我四十多岁的时候！（今天我会说，"好吧，我是天主教徒，我想去天堂。"）

作为一个有责任心的专业人士，你应该从预防的角度来看待风险，如果预防失败或防不胜防，你应该尽量降低其可能带来的影响。

1. 受伤

从遭遇车祸到被蜱虫叮咬，都有可能造成伤害。而一旦受伤，你就无法进行推销或交付的工作。这里有一些应对策略。

- ▶ 尽快购买伤残保险。你越年轻，它就越便宜。很难在团体保单中获得相应的保险，所以要通过有实力的公司代理购买个人保单。你需要一个较长的等待期（例如，保障开始前90天，这会降低你的保费），并规定你必须能够在保障终止前返回以前的工作。你不想回到任何工作，但是想保持你以前工作时的生活水准。这些保障将支付以前工作时年收入的80%，所以小心记录你的年收入。如果你为了降低税收而"隐瞒"收入，你也会损害你的保险保障。这些政策通常可自动延长至65岁。

- 与其他咨询顾问建立联系，他们可能会为你提供现成的合同，按某种形式进行收入的分成（当然，你也会为他们提供相应的回报）。在不久的将来，这可能是持续收入的一个重要来源。
- 创造重要的被动收入。如果你能从版权许可、版税、佣金、知识产权销售、下载、订阅、产品购买等方面赚钱，这些收入来源可以在你身体虚弱时继续存在。但它们必须早在灾难来临之前就被创造出来。
- 最大限度地保持工作。如果你是一个咨询顾问，提供你的"智慧"，即使你身体残疾，你可能还是能够继续这样做。再次强调，这必须在你遭遇意外之前很早就开始。
- 最大限度地发挥你在家工作的能力。我们中的许多人都有家庭办公室，但有些人更喜欢共享空间，甚至拥有私人办公场所。至少在家里有一个后备办公室，在这个基础上，至少使用一个兼职助理。
- 利用技术。使用 Skype 等通讯设备进行拜访，不一定要实地拜访，可以用听写软件代替键盘。

2. 盗窃和侵权

昨天我看到一个领英上的帖子，是一个我教了很久的客户发的，帖子引用了我的知识产权，但没有任何出处的说明，这并不少见。一些"好人"如此勤勉地使用我的材料，以至于他们认为这样做是理所当然的。有些人只是偷用我的东西，但这相当于在船头放了一颗定时炸弹。

网上到处都是盗版内容。令人惊讶的是，律师可以阻止大部分侵权行为，尽管这会让你付出金钱。所以问题是，你什么时候该忍受，什么时候不该忍受？

我的建议是建立你的品牌，使你的客户和潜在客户认识到你的"东西"。创建品牌形象：马歇尔·戈德史密斯的"把你带到这里来的不会带你去那里"；赛斯·高汀的"紫牛"；大卫·梅斯特的"我们知道该做什么，但还是不去做"。

我刚才提到，在你的律师队伍中，应该有一个一流的诉讼律师。向他们请教这些问题。不要因为有人盗用了你的材料而大发雷霆。首先，找出这是偶然还是故意的。第二，如果是故意的，问问它到底在多大程度上伤害了你。很多时候，伤害你的可能性不大。

不要建立伙伴关系或联盟，使你的知识产权和商标材料可以随时被他人使用，而不受严格的法律约束（千万别以为"朋友"不会偷你的东西，这就是为什么有时朋友之间会变得不再是朋友）。

3. 迷失

你的事业可以通过以下两种方式主导你的生活。

首先，当你试图构建它或将它提升到下一个层次时，你通常将面临意义重大的挑战和障碍。你会认为"努力工作"是答案。

第二，随着你的成长，你会享受到独立创造财富的感觉，以至于你会上瘾，从不拒绝生意，追逐金钱。

我在这本书中谈到了来自你身边的人、咨询委员会的支持，以及对自我发展的投资。要保持你的优先顺序：

(1) 你做生意是为了建立一个美好的生活，而不是用生活来建立一个巨大的企业。

(2) 你总是可以再赚一美元，但你再也赚不到一分钟了。

(3) 总会有一条更大的船，不要浪费时间去寻找最大的船。

百万年薪的咨询顾问要有正确的心态。如果你自己不能做到这一点，那就向同事、教练或顾问寻求帮助。

> **经验之谈**：你可以忍受疼痛，但你不必受苦。疼痛通常是外在的，痛苦总是内在的。把你的精力放在决心上，而不是报复上。

4. 疲惫

我之前谈到再创造的原因是，如果没有人盯着我们去改变、创造、放弃和创新，我们很容易感到厌倦。一旦你厌倦了，你就会变得乏味。你不会冒险，你依赖于"老一套"的工作方式，在你意识到之前，你就陷入了"成功陷阱"。正如第 14 章 (图 14-1) 所解释的，关键是要"跳跃"到下一个增长期，而当前的增长速度仍然强劲和可持续。

我数百万美元业务中约 75% 来自三年前不存在的产品，这是一个滚动的数字。如果你不成长，你就停滞不前。或者正如幽默作家威尔·罗杰斯指出的，"即使你走在正确的轨道上，如果只是站在那里，你也会被碾死。"

请注意，我没有提到关于"没有生意""客户不满意"或"竞争太激烈"的风险。这是因为如果你做得好，你听从我的建议，这些根本不是风险。

记住：没有内疚，没有恐惧，没有同伴。

欢迎来到百万年薪咨询顾问的世界。

附录

来自百万年薪咨询顾问界的建议

在本附录中,我想讲述的是我从百万年薪咨询顾问学院、百万年薪俱乐部、百万年薪咨询顾问大会、导师峰会和导师名人堂成员身上学到的建议。

咨询顾问的职业及自尊心

- 很大一部分与会者(大约75%),在年轻时由于感觉自己与众不同或者没有生长在传统的充满爱的家庭而感到孤单。那么我们现在身处何地呢?这个行业需要你有一定的实力才能独来独往。
- "独来独往的人"很少有机会与自己信赖的伙伴探讨情感问题。工作几乎是他们的全部,生活很大程度上也都是围绕工作转的,谈话内容也都是工作挑战,很少涉及个人问题。
- 任何不能摧毁你的东西,都将让你变得更加强大。大多数成功人士都是从逆境中成长,化逆境为动力,从而建立自我价值感。
- 要学会原谅。原谅那些你认为伤害了你的人,否则你会永远沦为他们的奴隶(即使他们可能没有意识到)。如果你放大别人的轻视和自己感觉到的轻视,你的自我价值感将会受到损害。

- 效能与自我价值不同，是相互独立的。你可能在某个领域很出色，但自我感觉并不一定良好，反之亦然。
- 良好的人际关系是建立自我价值的关键。积极地搞好人际关系，自我价值感就会倍增。因此，必须改善或摒弃不良的关系。
- 可以将自尊看成一个动词——一种导致产生一种状态的活动，或者看成一个名词——自信。
- 人们总是背负太多的旧包袱，而仅仅放下这些包袱是不够的，必须彻底摒弃，这样它才不会伴随着你，和你朝着相同的方向，以相同的步伐前进。但是，不能丢掉所有的包袱，有些积极的包袱对你的旅途来说是有意义的。
- 积极的自我对话是建立自我价值感的最有力的工具之一。停止道歉，忠实于自己的才能和能力。不以偏概全，正如你不懂戏剧，并不代表你对艺术一无所知。
- 不是生活如何对待你，而是你如何面对生活。

咨询业务的增长

- 当你对一些事物不了解时，要做两件事情。第一件事是，立即提出质疑，如果不提出质疑，之后建造的结构基础不会牢固；第二件事是，试着结合自己的情况，投入到学习中。
- 人们以不同的方法学习，所以记笔记、做好记录、绘制思维导图于我而言都是没问题的。但是，如果一天到头你没有三件事(或三件以下)要做，你可能虚度了光阴，没有充实地过一天。
- 如果你每天提高1%，70天后你的成绩就会翻倍。但是，如果你学习不认真，反而会感到困惑，成绩也会下降，人也会变得更加愚钝。
- 在创建概念模型时，无论是品牌、图形还是过程视觉效果，与你信任的小团队合作总是能更快地创造出高质量的结果。
- 被同行打败后努力学习总比在不如自己的人当中盲目成功要好得多。
- 在学习的过程中，情感和智力一样重要。
- 小组成员不会通过愚蠢的破冰活动就能同心协力，而是通过共同挑战、贡献、分歧和社交联系在一起。
- 所有的小组成员都表示，他们想保持联系。取得成功的小组往往有一个或多个担起责任的组织者。
- 如果引导者不继续学习，就会被工作所淘汰。简单地做好一件事并赢得满堂喝彩，就像看着人们为你多年前拍摄的电影鼓掌一样。

最常遇到的组织问题

- 事实上，当组织设有委员会并且需要委员会而不是团队时，就要考虑团队建设。
- 孤岛总是由正在捍卫自己地盘的有权有势的人占领。
- 先要解决问题才能创新，"黑带九段"的谬论就像20世纪50年代口碑差评的科幻电影一样充斥着人们的头脑。
- 人员的干预过多，缺乏人力、财力、IT或法律方面的支持。
- 很多会议耗时太长，且都集中在信息共享上，这可能是召开会议最差的理由。组织的人才和精力全被内耗，对外没有得到施展。
- 客户对组织的产品、服务和关系的认知不同于组织自己的认知。
- 员工激励和反馈系统与战略不一致，既起不到鼓励适当行为的作用，又起不到制止不当行为的作用。
- 战略和计划不一致。
- 职业发展和接班人计划不相关。
- 组织太官僚主义，只注重方法，不注重结果。

与咨询顾问的访谈

下面的采访包括咨询顾问界不同专业领域的人对自身经验和期望的感想。

安迪·巴斯

姓名：安迪·巴斯
公司名称：巴斯咨询有限公司
公司成立日期：2004 年
专业领域和主攻市场：帮助组织及其领导者利用现有的资源更快取得更好的业绩。合作的国际客户涉及制造业、媒体、金融和专业性劳务等
员工人数：无
网址：www.bassclusker.com
出版图书：《业绩报告：为忙碌的领导者提供精辟的简报》(Bookshaker，2011 年)
居住国：英国
年龄：50 岁

1. 为什么以及如何进入咨询行业？

在取得博士学位后我做了几年的学者。我的兴趣非常折中(eclectic interests)，学校开始担心看不到我的专业特色。当他们告诉我，他们看不到我会开辟什么田地时，我知道是时候离职了，因为我不想一辈子从事耕耘工作。我决定将我的折中主义(eclecticism)付诸于市场。市场教会了我很多东西，其中之一就是让我知晓了独立咨询公司的关键人物——艾伦·韦斯。我上谷歌搜索了他，查到了辅导项目，然后注册成为会员。

2. 你职业生涯的哪个阶段犯过的错误是最大的，这个错误是什么？

在我从大学辞职之后，我差点从事石油行业内部教员的工

作，这份工作报酬颇丰。入职之后，我与部门主管及一些部门成员进行了几次愉快的会面，部门主管口头上答应录用我，但是又随意说道："我只是想让你见见项目经理，走个形式。"而我与项目经理没有谈拢，工作也就飞了。这件事情给我上了沉痛的、宝贵的一课，让我知道了尽可能广泛地与人建立关系的重要性。这堂课对我的市场销售能力和执行能力的培养很有帮助，但当时却让我错失了工作机会。

3. 什么加速了你的职业生涯发展？

在遵循百万年薪咨询顾问基本原则时得到了艾伦的帮助。艾伦提供的帮助在战略层面上包括咨询收费、建立市场引力以及与真正买家建立对等关系。而最重要的战术加速器是，"在约定的步骤没有达成一致之前，绝不要与潜在买家进行任何下一步的沟通。"这个原则在过去和现在一直都很重要。

4. 自从业以来你的工作变化最大的是什么？

首先，项目平均收费直线上涨，这归功于我所谈论的加速器的作用。就我与客户接触时所做的工作而言，工作重点已从培训活动转向了更深入的、更长期的咨询业务。我的业务现在已经遍布全球。

5. 你在职业生涯中取得过哪些重大成就？

我一直在运用我的折中兴趣——这种兼收并蓄的风格曾让我的前雇主感到困惑，我将广泛的兴趣变成对客户的直接优势，回报给我的是一份迷人的、有价值的职业。

6. 你给同事提的最重要的建议是什么？

记住妈妈说的话："吃掉你盘子里的所有东西。"我知道有人已将艾伦的方法一点点付诸实践，有人已根据艾伦方法建立了自己的企业。

找到一个已经进入咨询行业、从事咨询工作的导师。因为仅仅通过尝试和失误是无法弄清咨询业运作方式的所有细节。

在约定的步骤没有达成一致之前，绝不要与潜在买家进行任何下一步的沟通！

7. 你认为咨询行业的前景如何？

我认为，像麦肯锡、波士顿咨询和贝恩等公司会继续蓬勃发展，这些公司都是出色的营销公司，对于想从事高级管理工作的人来说，在这些公司工作会有个良好的开端。我认为，对于以项目实施为主业的大公司来说（以及对他们的个体咨询顾问），情况可能会更加混乱，因为这些公司更有可能受到技术和经济周期的干扰。而个人从业者和小型精品咨询公司数量日益剧增，不过，其中许多只能勉强维持经营。而对于那些能与合适买家建立正确关系，能与买家保持亲密关系，能了解并满足买家真正需求，准备将业务遍布全球的人而言，这是一个巨大的机遇。

查德·巴尔

姓名： 查德·巴尔

公司名称： 查德巴尔集团

公司成立日期： 2001 年

专业领域： 网络营销战略、网络应用开发

主攻市场： 全球服务提供商、成功企业家、咨询顾问、教练、演讲家、作家、想利用网络取得成功的组织机构、思想领袖

员工人数： 9 人

网址： www.TheChadBarrGroup.com

出版图书： 《创立百万年薪网站》(Entrepreneur Press，2012 年)

居住国： 美国

1. 为什么以及如何进入咨询行业？

咨询行业是我偶然发现的一种职业。当我正在开发软件解决方案时，我的客户开始向我征求意见。他们向我寻求如何最好地

利用软件，如何改进操作等意见。我开始意识到，我实际上在做咨询服务——我意识到，这对于我来说是一次向客户提供有利价值的机会，回报给我的是越来越多的咨询项目和日益增长的收入。

2. 你职业生涯的哪个阶段犯过的错误是最大的，这个错误是什么？

在我进入职业生涯的第三年，我犯了一个错误，我做的工作太分散了，没有重点。我当时为零售企业、经销批发商和养老院开发软件。我想抓住任何类似于软件开发的机会，甚至快要进入制造业了。制造业是一种劳动密集型的行业，工作量很大。于是我才意识到，我需要集中精力做我最擅长的事。我开始问自己，我真正的才能是什么？谁才是我最想服务的客户？我该如何向正确的目标受众提供让他们惊喜的价值。

3. 什么加速了你的职业生涯发展？

我认为我对互联网战略有着强烈的爱好，极大地加速了我的职业生涯发展。早在15年前我就意识到，我发现了一个绝佳的机会，我可以做一些只有少数人才能够解决的事情：如何利用互联网的强大力量来提高商业成功的概率，加快商业成功的步伐。这虽是一项挑战，但是我完全迷恋上了互联网。加速我职业生涯发展的第二件事是，我采纳了艾伦·韦斯的基于价值的收费模式，不再按小时收费。

4. 自从业以来你的工作变化最大的是什么？

我们公司发生彻底变化。我们公司曾经是一家软件开发公司，现在已经转型为一家网络营销公司和创意性网站解决方案开发商。我们公司的主营业务已从软件完全转向了互联网。我的角色也发生了巨大变化。现在，我在客户面前主要充当咨询顾问角色，而不是技术员角色。今天，我在专注于未来以及如何创造价值、热情和巨大成功的同时带领我的团队和客户继续前进。

5. 你在职业生涯中取得过哪些重大成就？

被选为艾伦·韦斯百万年薪咨询顾问名人堂五位创办成员中

的一员，我真的特别自豪。而成为在全球广受欢迎的演讲家是我取得的另一大成就。15年前我害怕发言，而现在我喜欢演讲。

37年前我来到美国，在这里创建了自己的帝国，这是我取得的最大成就。早在2001年，我就萌生了打造一家全球互联网战略公司的愿景，这在当时只是梦想。而经过将近15年的发展，公司客户遍布全球，梦想已变成了现实。我们公司将不断提高标准，凭借最先进的网络开发技术、精彩的内容创作和创造力指引客户取得较好的成绩。

6. 你给同事提的最重要的建议是什么？

你必须擅长推销自己和自己的公司，还应该发表大量的不同内容的文章、播客和视频。应该多演讲，并专注于向客户提供令人惊艳的价值。

7. 你认为咨询行业的前景如何？

人们比以往任何时候都需要关于如何克服挑战，如何在工作中做得更好的建议。无论是个人问题还是公司问题，最优秀的人离不开优秀的咨询顾问，他们需要咨询顾问帮助他们实现自己的梦想。我相信，人们总是需要优秀的咨询顾问来帮助他们充分发挥自己的潜力，提高自己的标准。

苏珊娜·蓓兹

姓名：苏珊娜·蓓兹
公司名称：蓓兹沟通管理公司
公司成立日期：2000年
专业领域和主攻市场：领导者气质和沟通能力
员工人数：全职18人，兼职约12人
网址：www.bates-communications.com
出版图书：《像CEO那样讲话》(2005年)，《像CEO一样行动》(2009年)，《发掘CEO品牌》(2012年)，《你能成为领导者》(2016年)

居住国：美国
本年度收入：650万美元
年龄：59岁

1. 为什么以及如何进入咨询行业？

在做了22年的电视记者和主播之后，我想凭借自己的经验，走出一条财务独立的道路。当我开始自己创业时，发现市场有很大需求，所以我很快就成立了一个团队，在商业沟通和领导力领域成为权威。我们设计了自己的方法，帮助领导者影响员工。我们花了大量的资金在团队培训上。我们公司的人才队伍和独一无二的知识产权已经获得顶级公司、全球化公司及其管理者的青睐。

2. 你职业生涯的哪个阶段犯过的错误是最大的，这个错误是什么？

虽然我很幸运地招到了优秀的人才，并成功地吸引并留住了他们，但是我偶尔也需要花费很长的时间来处理员工表现不佳的问题。这对精力、士气、资源都会产生重大影响。

3. 什么加速了你的职业生涯发展？

商业出版犹如火箭燃料，能使我们引起媒体关注，获取在大舞台上发言的机会，从而确定了我们公司的行业领导地位。我们公司主营的领导者气质和沟通能力业务使得我们公司从数百家培训咨询公司中脱颖而出。我们公司建立了品牌价值，建立了市场引力，实现了客户群多样化，招揽了更多的赚钱买卖。

4. 自从业以来你的工作变化最大的是什么？

2013年，我们着手进行了一项探索性的研究项目，回答了无人可以回答的问题——什么是管理者气质？我们公司的目标是，用科学方法解决当前领导力提升议题中最热门的一个话题。对此，我们创建了第一个基于科学的管理者气质模型，并将该模型应用于评估中——该模型是二十多年来首次开发的一个全新工具，很快就被认为是一项重大突破。我们通过创新开拓了新的业务领域，吸引了新的客户，让老客户更愿意参与我们的业务。我们公司成了行业先驱，推动了公司的发展。

5. 你在职业生涯中取得过哪些重大成就？

通过帮助领导者实现高效工作，我成功地创办了自己的公司。我们公司已经完成了职业方向的转变，这将帮助组织发展壮大。

6. 你给同事提的最重要的建议是什么？

如果想法不错，那就应该去做。无论成功或失败，学习才能成长。要不断向前，不断尝试。

7. 你认为咨询行业的前景如何？

当今咨询行业的矛盾在于，我们的方法必须更加全球化，同时也要更加个性化。无论你是一家拥有 1 名员工还是 1 000 名员工的咨询公司，采用全球化的思维模式已不再是一个选择问题，你的客户正在全球化世界中竞争，你只有明白全球化方法对客户的业务意味着什么，才能与客户建立联系。

与此同时，当今商业发展的速度和数字通信系统的产生使我们更加离不开技术。我们的客户在日常交流中缺乏人情味，同事、客户和员工之间不够亲密，导致彼此之间不信任。

作为咨询顾问，我们需要小心，不要过度依赖技术。我们的成功根本上在于赢得客户的信任。而在与客户进行重要对话时，为客户创造适当的空间，才能赢得客户的信任。

斯蒂芬·布莱施泰

姓名：斯蒂芬·布莱施泰

公司名称：瑞兰沙公司

公司成立日期：2012 年

专业领域和主攻市场：加快组织发展，提高组织的变革能力，从而快速取得业绩。尤其擅长处理日本组织的问题

员工人数：无

网址：www.relansa.co.jp
出版图书：《迅捷组织变革》(2016年)
居住国：日本
本年度收入：75万美元～110万美元
年龄：47岁

1. 为什么以及如何进入咨询行业？

当我刚辞去研究员工作，开始寻找新工作时，博斯公司向我投来了橄榄枝，但是因雷曼事件而没有雇用我。我想做咨询顾问，但是没有找到工作，所以我决定自己创业。

2. 你职业生涯的哪个阶段犯过的错误是最大的，这个错误是什么？

恐惧左右了我的职业选择。在我三十出头的时候，一次失败的创业经历让我害怕再创业，而当一名工薪职员，我又感到很痛苦。我花了10年的时间才控制住自己的恐惧，开始了咨询创业。

3. 什么加速了你的职业生涯发展？

艾伦·韦斯的书。在我做咨询顾问的第一年，我读了十来本艾伦·韦斯写的书。在我将学到的艾伦的方法应用到自己的工作中后，我第二年的收入已从第一年的7万美元增加到70多万美元。

4. 自从业以来你的工作变化最大的是什么？

我最开始的工作内容主要是推销培训课程，提供平衡计分卡方法方面的咨询服务。当时，我与平衡计分卡研究所进行了协商，取得了代理许可。而现在我不代表任何人，只代表我自己。我就是招牌，我提供的咨询服务使用我自己的知识产权。

5. 你在职业生涯中取得过哪些重大成就？

成为百万年薪独立咨询顾问，受邀加入艾伦百万年薪咨询顾问俱乐部。艾伦俱乐部中有很多独立咨询顾问都在做着七位数字收入的工作，且独立咨询顾问的人数每年都在增长。在俱乐部外，没有一位独立咨询顾问的工作收入能达到这个数字。

6. 你给同事提的最重要的建议是什么？

不要因为害怕别人的反应而隐瞒自己的想法。大胆行事才能抓住客户，和蔼可亲只会收获礼貌的微笑。

7. 你认为咨询行业的前景如何？

向其他人提供自己专业知识的个体企业数量将会增长。大公司定义的咨询模式并不是唯一选择，在大多数情况下也不是最佳选择，而客户也意识到了这一点。客户看重的是速见成效、灵活性、选择性和获取专家服务的及时性，而这些独立咨询顾问全部具备。

阿里·布朗

姓名： 阿里·布朗

公司名称： 阿里国际有限公司

公司成立日期： 2005 年 (1998 年开始从事有助于成立本公司的业务)

专业领域和主攻市场： 为女性企业家和组织机构领导者提供培训和咨询服务；领导力和盈利增长。拥有国际化的女性私人客户群体，她们来自美国、澳大利亚、英国和欧洲

员工人数： 兼职员工 1 人，兼职分包商 5 人

网址： www.alibrown.com

居住国： 美国

本年度收入： 200 万美元

年龄： 44 岁

1. 为什么以及如何进入咨询行业？

大学毕业后，我在 6 年内换了 6 份工作，对所有工作都不满意。起初我想肯定是我的问题，但是后来我发现，为自己工作让我更快乐。所以，我凭借自己的写作技能在纽约市开办了一家提供写作服务的公司。我挨家挨户地敲开广告公司的门，打陌生

电话，写信，让我认识的每一个人帮我做推荐，这让我得到了成长。我知道我必须学习更多的营销知识才能保持成长，所以为了开拓自己的事业，同时也为了让客户受益，我开始疯狂地学习。我没有预想到学习会变得如此宝贵。

随着我事业的不断发展，其他经营者开始向我寻求关于如何更好地推销自己的建议。他们成为我非常宝贵的资源。当我在时事通讯和网络营销方面取得成功时，他们开始向我咨询这方面的内容，所以我创建了电子书和课程，供他们线上购买。从那时起，我获得了一大批的追随者，他们促使我创建了更多的培训课程和研讨会。我发现，我的追随者大多数都是女性企业家，她们就是我现在专门服务的对象。我从未如此快乐过，因为我有了灵活的工作，可以获取可观的收入，同时还能与家人一起到世界各地工作。(我的丈夫是澳大利亚人，所以我们经常带着孩子一起旅行，我可以在有网的任何地方工作。) 在帮助别人壮大他们的公司，他们自己得到成长，他们的使命得以发展的同时，我自己也得到了成长，成为了一名思想领袖。

2. 你职业生涯的哪个阶段犯的错误是最大的，这个错误是什么？

老实说，我成长得太快，是因为我具备了这方面的能力。我的销售收入令人难以置信，且正处于上升期。在高峰时，纸面上数字就非常诱人，销售收入达到600万美元，购买培训课程人数上百，员工人数超过15人，时间表排得爆满，媒体曝光率极高。我就这样过着日子。但是，有一天早晨我醒来发现，我不想起床。我迷失了方向，因为我忽略了自己的第一价值：自由。(当然，通过壮大队伍，让他们辅助我，让我获得了一些自由。但是，我已经到了我想要退出的地步，可是我不能，因为我需要养着我的队伍！我感觉我像一头产下15头幼崽的老母猪。)

最终，我不得不允许自己改变一些事情。一点一点地调整了商业模式，回到了让我最开心的事情上：与高端客户合作，举行私人研讨会，参与我所关心的活动和事业。虽然我花费了好几年才走到这一步，但是调整商业模式是我做过的最好事情。具有讽刺意味的是，现在我的个人收入比以往任何时候都多，而工作量却减少了，我甚至被这个行业封为思想领袖。

3. 什么加速了你的职业生涯发展？

了解自我定位的力量。你可以影响别人对你的看法，而你可能意识不到。不要采用操控的方式，而是要确保你的声名远播。不要不声不响地工作，不要让别人依据传闻或者他们从网上查到的零星信息确定你的价值。你需要尽可能多地掌握控制权。此外，我最近取得的成功更多源于放弃那些不再适合我的东西。于我而言，我没有接待的客户和项目和我所接待的高端客户一样重要。前者对我的吸引力更强。（如果你接待的客户少，获取的客户也少。）

4. 自从业以来你的工作变化最大的是什么？

（请参见问题2）。一开始就是模仿别人。我想壮大公司，组建一个庞大的队伍，最终或许将公司卖掉。但是到了2013年，我发现我怀孕了，而且还是怀的双胞胎，我不得不（我也想）减少工作量，所以不能再模仿别人了。事实上，我必须停止模仿，开始塑造我自己。我的工作重心从管理大型集团和培训课程以及监督大型团队运营转向高效精简的组织构建。拥有一家大型公司，让我的经验更加丰富，历练成为更优秀的导师，然而，现在这于我而言毫无意义，因为我曾经在大型公司工作过，历练过。大型公司让我成长为一名业界领导者，它也是我未来创业的绝佳平台。

5. 你在职业生涯中取得过哪些重大成就？

与同行相比，经过我的辅导后诞生的女性百万富翁企业家比任何人都多。其中很多女性企业家已成为杰出的思想领袖和变革家，从而产生了美妙的涟漪效应，她们正在改变世界各地的生活。

6. 你给同事提的最重要的建议是什么？

你会得到各种各样的建议。我们中的大多数人都没有勇气去做你正在做的事情，所以他们会质疑一切。做你觉得对的事，但也要尝试新事物，突破自己。我们的大脑总是习惯性地采取消极的思考方式，如"我足够优秀吗""我能处理这种级别的客户吗""我真的是一名专家吗"。每次成功都是成功之母，越成功越传奇，要去帮助别人，分享你的成功，有一天，你会突然成为百万年薪咨询顾问。

7. 你认为咨询行业的前景如何？

对融合常识的智慧的需求将会越来越大。

史蒂文·加夫尼

姓名： 史蒂文·加夫尼

公司名称： 史蒂文加夫尼公司

公司成立日期： 1994 年

专业领域和主攻市场： 公司一直是培养人们开诚布公沟通能力的权威专家，重点是让人们把未说出口的话说出来，帮助人们建立牢固的关系，帮助团队和组织实现转型，提高效率、收入和利润

员工人数： 4 人

网址： www.stevengaffney.com

出版图书：《做个诚实的人》(2002 年)，《诚实工作》(2006 年)，《诚实销售》(2009 年)，《不是鱼病了而是水脏了》(2009 年)，《做改革的拥护者》(2014 年)，《传递令人费解的消息的 21 条规则》(2014 年) 和《加强上下、横向沟通的准则》(2014 年)

居住国： 美国

本年度收入： 约 100 万美元

1. 为什么以及如何进入咨询行业？

当我开始提供沟通和激励方面的建议时，我另有事业，我发现我的建议被别人采纳了，于是我就放弃了本职工作，开始

从事我现在的事业。有趣的是，在我开始从事现在的事业时，我甚至不知道我可以靠此谋生。

2. 你职业生涯的哪个阶段犯过的错误最大，这个错误是什么？

我犯的最大错误是，没有及时寻求帮助。直到我债务缠身，钱花光了，我才意识到寻求帮助，而这让我产生了巨大变化。

3. 什么加速了你的职业生涯发展？

主要有三点加速了我的职业生涯发展。

- ▶ 当我不再尝试将我的内容和策略推销给我的潜在客户时，我反而开始关注潜在客户的真正需求，将潜在客户的需求与我的产品和服务联系起来，考虑如何帮助他们。
- ▶ 允许自己脆弱，向那些比我更成功、更有经验的人寻求帮助。
- ▶ 专注于我喜欢做的事情（即帮助他人坦诚沟通），不再担心其他人在做什么，不再模仿他们。

4. 自从业以来你的工作变化最大的是什么？

在大型咨询和辅导项目中召开研讨会，帮助组织完成目标，产生持久的影响。

5. 你在职业生涯中取得过哪些重大成就？

收入一直超过100万美元。为了取得该成就，我必须对组织和人们的生活做出实质性的改变。

6. 你给同事提的最重要的建议是什么？

接受脆弱，向那些比你更成功的人寻求帮助，并接受他们的帮助。像艾伦等人会帮助你少走学习弯路，更快地到达你最终想要到达的地方。

7. 你认为咨询行业的前景如何？

我相信，咨询行业的前景比我们现在想象的更广阔。因为速度是组织成功的关键。公司想要快速发展，其中一个关键方法就是，审视阻碍公司前进的盲点。这就是为什么要聘请外部顾问和专家，让他们提供客观帮助，这可以极大地帮助组织少走学习弯路，取得持久成效。

琳达·亨曼

姓名：琳达·亨曼
公司名称：亨曼企业管理咨询集团
公司成立日期：2004 年
专业领域和主攻市场：组织战略、接班人计划、合并与收购
员工人数：无
网址：www.henmanperformancegroup.com
出版图书：《小组沟通：理论和实践（第 8 版）》(2003 年)，《粘人的老板》(2006 年)，《坐上一把手的椅子：如何脱颖而出坐到这个位置上》(2011 年)，《艾伦·韦斯谈咨询》(2013 年) 和《挑战常规：为什么革命性公司要抛弃传统的思维方式，质疑长期存在的假设，扼杀他们的圣牛》(2014 年)
居住国：美国

1. 为什么以及如何进入咨询行业？

我从 35 年前开始从事咨询工作，空军是我的第一位客户。1978 年，当女性开始在空军中担任她们从未担任过的角色时，一位朋友请我帮她开发程序，用在整个战术空军司令部——让领导者和女性更容易做出改变。

第一次见面的那一天，八个男人站成一排，他们都是高级士兵，年龄和我父亲相当。他们的袖子上有很多条纹，让我感到眩晕。他们的脸上写满了问号："亲爱的，你有什么要教我们的？"

那天我顿悟到，在他们面前，虽然我尚年轻，经验不足，但是这都不重要，因为我有能力帮助他们，与他们的交流让我充满活力。

从此以后，我尝试了多种类型的咨询工作，有一段时间几乎完全以培训为主，另一段时间则主要以职前筛选为收入来源。现在，我回归初衷，即帮助领导者做出他们难以抉择的决定。做好这项工作可以获取实实在在的、直接的、激励性的报酬。所以我才开始并一直坚持从事这项工作。

2. 你职业生涯的哪个阶段犯过的错误是最大的，这个错误是什么？

2006年，我参加艾伦提议的读写研讨会的那一天是重要的一天，我以方法为主导，将我的服务视为商品进行了定价。当我转向以价值为基础进行收费时，我开始改变对自己的看法，目的是吸引更优质的客户，让自己成为业界专家。从此我再也不会有按小时计费的负担了。

3. 什么加速了你的职业生涯发展？

总体而言，致力于自己的职业发展，让我以之前无法理解的速度成长。现在每年我花费大约30 000美元，而我用四周的时间就能赚到这笔钱。

具体而言，学习技巧，与客户签订概念性协议，让我可以制定出更好的、高价位的协议。现在我的收入主要来源于我在学会这个技巧后服务的少数客户。现在，我一半以上的收入都来自我三年前未曾做过的工作。如果我没有完善我的工作内容和流程，我就不会有今天。思维方式和技巧的改变让我的知识产权、收入和工作满意度也发生了巨大变化。

4. 自从业以来你的工作变化最大的是什么？

现在，我几乎不做任何培训，也很少做职前评估，早在9年前我就不再从事这两方面的工作。我的职业角色也从项目或计划制定者转变为组织战略、接班人计划、合并和收购方面的顾问。咨询顾问这项工作更有趣，而且工作量不大。

5. 你在职业生涯中取得过哪些重大成就？

客户在战略性思考、快速成长等方面的决策中深受我的影响,这给他们的公司带来了数百万美元的利润。为此,我一直努力持续发展技能,继续学习,在专业上保持整体的发展。

6. 你给同事提的最重要的建议是什么?

问客户"为什么",为什么他们想要改变和成长?如果你找到问题的核心,就能提供更多价值,获取合理的报酬,一直专注于结果,而不是可交付的东西。

不相关的、情感化的、不重要的事情经常会分散客户的注意力。因此,我们的工作就是帮助客户舍弃那些诸多的微不足道的目标,专注于少数的主要目标。

7. 你认为咨询行业的前景如何?

随着婴儿潮一代步入退休年龄,许多专业知识也将随之而去,几乎没有人能替代他们,经济不景气致使很多公司不再培养人才。因此,公司将更加依赖外部顾问来完成工作,教育下一代员工。公司需要流程顾问(战略、变革和指导),但是很多公司还需要内容专家(销售、运营、金融、IT、接班人计划)。可以同时提供上述两种咨询服务的咨询顾问将会很受欢迎,也会获得成功。

丽莎·T.米勒

姓名:丽莎·T.米勒
公司名称:VIE健康管理咨询公司
公司成立日期:1999年
专业领域和主攻市场:医院、健康机构和执业医师
员工人数:16人
网址:www.viehealthcare.com
出版图书:《创业型医院》(2016年)
居住国:美国

1. 为什么以及如何进入咨询行业?

我曾是一名成功的医院销售代表,负责销售手术室专用的外科手术产品,我目睹了同一地区医院供给品和设备的浪费和低效

利用，目睹了它们的定价差异。为什么一家医院购买一种产品需要花费 75 美元，而位于 5 公里外的另一家医院只需 35 美元就能购买到同样的产品？虽然我可以肯定的是，公司应该盈利，但我还是认为，节省的钱可以用来向病人提供护理，用于满足社区医疗需求。我想为医院谋利益，想向医院提供基本数据、见解、市场趋势、创新和流程改进帮助，协助医院制定谈判策略，确保医院获取市场上最优的价格和合同条款。

2. 你职业生涯的哪个阶段犯过的错误是最大的，这个错误是什么？

我犯的最大错误是，我误以为必须拓展业务，扩大人员规模，而不是优化业务，用较少的人提供更好服务。我从公司内部提拔了一些人，给他们涨工资，提升他们到新的职位，但是没有对这些新职位划分具体的职责，没有确定具体的评估方式和问责制度。

我是在公司成立 11 年后犯的这个错误。当时我想壮大公司，让公司更上一层，认为提升和扩张没有发挥作用是成长过程中必须要经历的痛苦。而原因并非如此，这是因为我没有确保将适合的人提拔到这些新职位上，我没有用评估和问责方式为这些岗位设定正确的目标。

3. 什么加速了你的职业生涯发展？

找到能一直学习的杰出导师。如艾伦·韦斯和基思·坎安宁等对我的职业发展起到了重要作用（现在也至关重要）。当我意识到，我需要一位有真正经营和咨询经验，而不是理论观点的大师指引我前行时，我很庆幸能向两位世界级成功企业家和咨询顾问学习。他们 (1) 让我学会洞察到我错过的东西，(2) 教我对设定的目标和标准负责，(3) 让我突破思维定式，学会真正思考，(4) 向我提供他们的生活经验和他们遇到的案例，作为真实的教学工具。我能体会到他们的真实生活和处理某些情况的方法，这使我获益匪浅。

4. 自从业以来你的工作变化最大的是什么？

我的公司一开始只有我一个人，不久之后我就雇用了两名员工，一直持续了8年左右。之后创办的VIE健康咨询公司是一家小微企业，员工有7人，公司主要提供医院成本缩减和增收服务。目前，我们公司有16名经验丰富的医疗专家，主要向医院和涉及金融、运营和临床领域的健康机构提供全面的绩效改进服务。

和过去几年医疗行业发生的改变一样，VIE也必须做出改变，这样我们才能适应新的改革和平价医疗法案，向我们的医疗保健客户提供他们所需的支持和创新，让他们适应这些新法规。

5. 你在职业生涯中取得过哪些重大成就？

96%的企业在成立不到10年内就倒闭了，所以我的主要成就是，庆祝VIE健康管理咨询公司成立16年。我们已经成功地向我们的医疗保健客户提供服务，并持续合作。我们公司可以与大型咨询公司相匹敌，这些咨询公司每年的收入都在数亿美元，业务范围涵盖大小医院和医疗系统。我们公司已经能够向客户提供独特的管理思维，能够更加灵活地协助客户完成他们的目标和使命。

6. 你给同事提的最重要的建议是什么？

花时间思考，创造自己的管理思维。创新是咨询顾问脱颖而出的基础。我们的客户想要新的思维方式和创新方式来解决他们的问题，支持以及优化他们的业务。

7. 你认为咨询行业的前景如何？

行业出现了很多基于网络的微咨询平台，按需提供专业建议。这些平台发展很快，许多个体从业者也利用这些平台向公司提供专家建议，这也给咨询顾问提供了营销工具，以开拓新业务。有时候企业想要的是一些关键的专业知识，一个小规模的咨询项目，而不是像麦肯锡公司那样为项目指派100名的咨询顾问。或者企业可能想在与咨询顾问签订一个大合同之前进行一次磨合，看看彼此是否合适。在线微咨询平台变得很成功,对于那些想对他们的专家进行审查,快速启动项目,保证项目履约的企业而言,在线微咨询平台引起了它们的共鸣。这些在线专家网络能与大型管理咨询公司相匹敌,因为它们能够提供一些关键的专业知识和见解,从而扩大咨询范围,引起更多人参与。

瑞克·帕伊

姓名:瑞克·帕伊

公司名称:瑞克帕伊有限公司

公司成立日期:1999 年

专业领域和主攻市场:帮助客户制定并实施运营与供应链战略,向客户提供颠覆性创新服务,为员工定制个性化流程,确保这些流程能够持续下去,从而实现快速盈利和发展。

员工人数:无

网址:www.rpaycompany.com

电子书:《为想在新经济体系中变得更强、更聪明并准备好成长的 CEO 制定行动规则®——策略》《卓越领导——创造前景,推动创新,创造惊人的业绩》

居住国:美国

本年度收入:30 万美元~40 万美元

年龄:64 岁

1. 为什么以及如何进入咨询行业?

我一直对企业的运作方式以及促使企业成功的系统和流程有着浓厚的兴趣。我在 20 世纪 80 年代加入普华永道公司,致力于帮助公司开发信息技术资源,用于支持公司的业务流程和管理信息系统战略,为价值链提供内部支持。我喜欢帮助公司快速取得巨大成功,实现快速盈利和发展。

2. 你职业生涯的哪个阶段犯过的错误是最大的,这个错误是什么?

在普华永道公司工作期间,我觉得只要我工作出色,无需自我推销就会得到客户认可。问题是，如果我不自我推销，就没有业务。在别人都在自我推销的竞争环境下，我的工作无法得到应有的认可。

3. 什么加速了你的职业生涯发展？

2008年，我成为艾伦·韦斯俱乐部的一员，从此深刻地改变了我对客户价值的看法，我向客户提供项目的方式、项目收费标准以及项目执行方式也随之发生了变化。结果是，客户取得显著成绩，我也获得了更高的收入。加入艾伦·韦斯俱乐部让我有机会成为一名大师级别的导师，让我在教授别人的同时也学到了东西，并回馈给了艾伦·韦斯俱乐部。成为世界顶级俱乐部的一员，对我的成长和成功有着不可估量的帮助。

4. 自从业以来你的工作变化最大的是什么？

我的工作变化主要体现在以下几个方面。第一，一开始我是一名技术人员，负责帮助客户实施流程和技术。我在公司的基层工作，即使工作出色，也不能向客户提供我所能提供的价值。随着时间的流逝，我的工作内容更侧重于战略，帮助客户制定运营与供应链战略，确保客户指派合适的人实施该战略，指导管理人员提供维持变革所需的远见和领导力。

第二，之前我一直使用大型会计公司常用的按小时计费模式，时间精确到1/10小时。在会计公司，利用率和实现率是公司取得成功的关键标准。按小时计费的专业人士都得到了晋升。在与艾伦见面之后，我开始采用以价值为基础的收费方式，让自己更注重客户的成果，同时也获得了合理的报酬。我的客户和我都感到非常开心！

5. 你在职业生涯中取得过哪些重大成就？

我的一个主要成就是，我的工作拯救了一家公司。客户当时正在纠结是发展还是盈利，而我的工作让公司发生了彻底变化，所以客户在庆功宴上向他的员工介绍道："这是我们公司的大恩人。"

在咨询行业取得的成就是，我入选艾伦·韦斯百万年薪咨询顾问名人堂。宣布时同事们给予的热烈掌声在我的脑海中记忆犹新，非常感谢同事们对我的认可。

6. 你给同事提的最重要的建议是什么？

专注于你的价值和客户的价值，好事就会接踵而来。你在实现生活和工作的平衡，享受劳动成果的同时，工作重点应该侧重于向客户提供独特的价值。在加快盈利和发展的同时，专注于改善客户的状况，从而提升公司的价值。

7. 你认为咨询行业的前景如何？

咨询行业的未来是大型技术公司（专门提供 IT 和创新等服务）和个人从业者／精品咨询公司（在领导力、变革管理、战略、运营与供应链方面提供独特价值）的结合。因为公司需要知识、时间和洞察力，而公司内部通常无法满足这些需求，所以咨询顾问对各种规模、各种类型和各行各业的公司来说，永远是一种宝贵资源。

基多·奎尔教授、博士

姓名：基多·奎尔
公司名称：曼达特咨询集团
公司成立日期：1989 年
专业领域和主攻市场：帮助公司成长盈利
员工人数：9 人
网址：http://www.mandat-group.com
出版图书：15 本德语图书，2 本英语图书
居住国：德国，公司国际部设在伦敦和纽约

1. 为什么以及如何进入咨询行业？

我一直对咨询行业感兴趣，并与一些大公司进行了几次交谈，当我还在念书时，一家我从未听过的名为"曼达特"的小型咨询公司在 1990 年秋季向我提供了一份兼职工作，工作地点在我

的家乡。我加入了该公司,并决定在大学毕业后留在该公司工作。从 1993 年 1 月 1 日起,我一直在从事专业咨询工作,1997 年之后开始从事董事管理工作,1999 年成为一名股东,2005 年 8 月我成为曼达特公司的唯一股东。

2. 在你职业生涯的哪个阶段犯过最大的错误,犯的是什么错误?

我犯的一个最大错误可能就是,公司在 2005 年陷入经济危机时,让员工面对各种现实。事实上,我的员工们对改善公司的境况无能为力,但是我却告诉员工我们需要做得更好才能回到正轨,公司才能好转。这给我的团队成员带来了巨大压力,对公司内部的气氛造成了负面影响。我的员工倍感压力,因为他们不知道如何改变这种境况,事实上,是我需要建立更好的人际关系,开拓更好业务。我想让我的团队参与其中,但是他们不负责收购,只负责项目的质量,因为这会得到客户的高度赞扬。所以,是我需要改变,需要集中精力,需要更好地教育团队成员。在我意识到这些之后,我立即做了改变,从而得到令人振奋的业务,2006 年我们的收入是 2005 年的三倍。

3. 什么加速了你的职业生涯发展?

人,有 4 种人影响了我的职业发展:

(1) 公司创始人对我有着非常积极的影响,在我职业生涯初期,他是我真正的榜样。

(2) 一位 C 级客户,我在不同公司与他合作,完成了他参与的几十个项目。他给了我很多成长的机会,我从这些项目中可以学到很多专业知识,他对我能力的信任让我成为盈利增长方面的一流专家。

(3) 艾伦·韦斯,事实上,我是在 2005 年通过读《咨询顾问的商业思维》一书认识他的。一年后,我参加了一场研讨会,与他有了交集,这段关系持续了将近 10 年。

(4) 我的妻子苏珊娜。我现在的成就离不开她的支持,她是为数不多的我可以寻求反馈意见的人之一。

4. 自从业以来你的工作变化最大的是什么？

毫无意外，26 年以来，我的工作内容发生了彻底变化。现在，我们与客户处于平等地位，他们认为我们是专家，向我们寻求促进盈利、消除阻碍等方面的建议，而在头几年，客户只是将公司看成是卖方或供应商。我们可以提供远程咨询、指导和辅导服务；还可以提供电话会议、视频课程以及很多我们在 20 世纪 90 年代初根本想象不到的其他服务。我已成为一名广受欢迎的演讲家，会定期受邀到重大会议上做演讲。今天我们公司的每一位咨询顾问都是他们所在领域的专家。几周以前，我告诉我的妻子，最近我发现，我们现在只与我们喜欢和尊重的客户合作，这对于我们来说是前所未有的（且令人愉悦的），我们会一直保持下去。

5. 你在职业生涯中取得过哪些重大成就？

我不愿意谈论我的成就，因为这对于我的同事们来说是不公平的，他们也做了很多贡献。我认为，我们取得的重大成就在于，我们帮助国内外 160 多家公司完成 400 多个项目，让公司再次实现了盈利增长和发展。我们与成千上万的人合作过，即使他们的项目已经完成多年，其中很多人仍将我们的合作挂在嘴边。

6. 你给同事提的最重要的建议是什么？

不要只是想，要付诸行动，与买家建立关系，不要把时间浪费在那些友善的非买家身上，甚至不要尝试做到完美，因为你永远做不到。

7. 你认为咨询行业的前景如何？

指导、辅导和个人发展都将发挥更重要的作用。如何高效地处理更为复杂的问题十分重要。在保证质量的同时提升速度将成为聘请咨询顾问的一个最重要的原因。无论合规性的作用是否凸显，采购部门是否参与，是否存在其他谬论，与买家建立关系将比现在更为重要。

安德鲁·索贝尔

姓名： 安德鲁·索贝尔

公司名称： 安德鲁索贝尔咨询公司

公司成立日期： 1995 年

专业领域和主攻市场： 帮助公司开发终身客户，实现发展。向世界一流服务公司提供战略咨询、辅导和培训计划

员工人数： 无——利用世界各地分包商和经销商进行交付

网址： www.andrewsobel.com

出版图书：《终身客户》(2000 年)，《客户的钱犹如雨水》(2003 年)，《人人为我》(2009 年)，《提问的艺术》(2012 年)，《赢得销售的提问艺术》(2013 年)，《建立终身客户关系的提问艺术》(2013 年) 和《扩大交际圈》(2014 年)

居住国： 美国

1. 为什么以及如何进入咨询行业？

我上大四时，我父亲的一个朋友开设了一家大型保险经纪公司。我想去帮忙，他指出，我需要参加保险销售人员的能力评估。在我参加完三小时的考试几周后，他给我父亲打电话，上来就直奔主题，断然地告诉我父亲：“安德鲁绝对不应该从事保险销售工作。”听到他们的对话后，我如释重负。然后他很有先见之明地补充道：“你儿子兴趣似乎很广泛。咨询工作可能更适合他。"

四年之后，在我升入商学院的第二个学年，我开始考虑何去何从。项目多样性、自主性强和起薪高吸引着我和我的许多同学进入了大型咨询公司。我在 MAC 集团工作了将近 15 年，MAC 后来被法国一家大型的 IT 公司收购，更名为 Gemini 咨询公司。后来我大部分的时间都待在欧洲，帮助公司开创伦敦办事处，再后来就升为意大利区总裁。

这些经历让我体验了创业和经营企业的过程。1995 年我离开

了 Gemini，开始自己创业。现在我自己的公司已经成立 20 年了，我的工作足迹遍布将近 40 个国家。或许除了想成为詹姆斯·泰勒或保罗·麦卡特尼外，我从未想过要换其他工作。

2. 你职业生涯的哪个阶段犯过的错误是最大的，这个错误是什么？

我希望我可以重做三件事情。第一件也是最重要的一件事，我希望我能抽出更多的时间用在反思、休息、家人和个人兴趣上。第二件事，我应该早点开始写作。第三件事，有几次我太依赖一个客户了。不应该仅依靠一个客户来获取 20% 以上的收入，这样做风险太大，会形成依赖，从而给自己带来麻烦，我从中也吸取了教训。

最后一点：我曾经为了写一本书采访过哈佛大学法学教授艾伦·德肖维茨，他断然地告诉我："在与客户合作中要保持真正独立，你需要拥有多个收入来源。要敢于向客户说不，无畏后果。"我认真听取了他的建议。

3. 什么加速了你的职业生涯发展？

我选择了一个重要领域，当时关于此领域的文章很少，我通过坚持不懈的努力，最终成为这个领域的权威。于我而言，成功的关键在于顾客忠诚度以及职业人与客户良好的关系。成功的第二个关键因素是，与高层建立关系。你可能为部门主管做了很多工作，但与高层客户建立关系可以让你获取很多便利。

4. 自从业以来你的工作变化最大的是什么？

我经历过三个阶段。第一个阶段是在大型咨询公司工作，在大型咨询公司工作期间，我做了很多高度分析性的工作，撰写过大量报告。在第二个阶段，我成为一名独立咨询顾问，虽然也做一些分析和报告工作，但是会花费更多的时间在咨询、教练和培训上。第三个阶段也就是现在这个阶段，在这个阶段我经历了重大变化，取得了知识产权许可，创建了非常成功的移动学习课程，向高层管理人员提供了更多一对一的咨询和教练服务。

5. 你在职业生涯中取得过哪些重大成就？

我一直在帮助世界各地的人们，让他们在一些对职业成功和个人满足感非常重要的事情上做得更好，建立牢固的、信任的人际关系。他们中的许多人都从事过咨询和其他专业服务，这对于我来说是一个很大的市场。我取得的另一个相关成就是，创造了大量的关于如何开发终身客户的作品，这些作品得到了广泛认可。其中包括8本书，已被翻译成17种语言，全球销量超过25万册。

6. 你给同事提的最重要的建议是什么？

首先，选择一个专业领域，并围绕该领域建立"飞轮效应"，不断地加深和拓宽你的专业知识，不停地发表作品，从而树立强大的品牌和声誉。围绕你的核心主题创造一系列的内容产品。要坚持原创，提出自己的观点，可以借鉴别人的观点。然后，客户就会接踵而来。

其次，围绕自己的核心专业知识，拓宽知识广度。拓展商业知识，培养商业头脑，否则你就有可能会成为商品。你需要具备展示你专业知识能够带来重大业务成果的能力。否则，你会变成我所说的雇用专家，而非客户顾问。

最后，成为高管们想要花费时间会面的人。为了让高管们有兴趣与你建立关系，你需要胆大，有新鲜想法，愿意在重要问题上表明立场。尤其是和高管们合作，你必须冒一些风险，为胜利而战，如果只是为了不输而战，你就输定了。

7. 你认为咨询行业的前景如何？

不要相信所有关于咨询行业将发生巨变的预言，如大规模地转向以成交为基础的收费模式（事实是，大公司客户实际上青睐于可预测的预算）。

然而，咨询行业正处于发展阶段。与许多行业一样，咨询行业将继续朝两极化方向发展，即全球大型全方位服务公司和在某一特定领域高度专业化的小型精品咨询公司。公司正在减少他们合作的主要供应商的数量，这种趋势有利于大型公司承包大项目以及进行外包。事实上，中型企业正在面临被收购的风险，甚至有些已经倒闭。但是，对于灵活独立的咨询顾问，以及能够提供独特的价值主张和深度的、专业化知识的小公司而言，市场空间却很大。

菲尔·舒明茨

姓名：菲尔·舒明茨
公司名称：舒明茨咨询公司
公司成立日期：首次创立时间从1996年开始到2002年结束。2004年又重新成立
专业领域和主攻市场：是中小型私人企业业务增长方面的专家，为企业老板制定增长战略和金融战略
员工人数：无
网址：www.smewealthbuilder.com
出版图书：《商业财富创造者》(2015年)
居住国：加拿大
年龄：52岁

1. 为什么以及如何进入咨询行业？

在我十几岁的时候，我的父母和叔叔阿姨合买了一家季节性酒店，该酒店名叫克莱尔湖旅馆，共有22个房间。虽然他们没有任何的经营经验，但是他们想在夏季一周一天24小时不打烊来追求他们的创业梦想。当利率不断攀升时，他们的梦想很快就变成了噩梦，我们几乎失去了所有。我的父母和叔叔阿姨每年都会去大城市的会计事务所。我不确定他们是否征求了商业建议，但是我可以肯定的是，他们没有获得商业建议，因为我们的情况没有得到好转。有一条评论在家里被反复提到，会计很惊讶每个人都没有破产，那不是有用的建议。就在家人在吃通心粉的晚餐上再次进行沉痛讨论时，我决定要成为一名专业顾问，专

门服务于私人企业。从商学院毕业后,我成为了一名注册会计师。几年后,当我从财务角度回顾企业经历的事情之后,我放弃了会计行业,转投咨询行业。现在,我一直在向客户提供咨询服务,告诉他们如何向前看,如何为自己和家人创造理想的未来。

2. 你职业生涯的哪个阶段犯过的错误是最大的,这个错误是什么?

在我职业生涯的初期,我犯的最大错误是,我认为我的客户——企业老板知道他们要问的问题。而事实上,他们并不知道。他们关注的是日常经营、接待客户、现金流和工资,通常不会想得太远。但是他们也想让公司壮大,增加自己的财富。然而,他们不知道如何积极主动地准确寻求关于如何壮大自己公司的建议,他们以前可能从来没有得到过专业建议。

3. 什么加速了你的职业生涯发展?

有三件事让我的职业生涯发生了改变。第一件事是,离开会计行业,转投咨询行业,使我对客户的价值得到了提升,因为我现在可以帮助客户创造他们的未来,而不是汇报过去。我能建议他们如何壮大自己的公司,积累自己的财富。第二件事是,修完MBA课程,让我有了更专业的工具来提供一系列的关于战略、营销、组织发展和领导力的建议。最后一件事是,与艾伦·韦斯有了交集,开始活跃在他的全球咨询顾问职业圈,这极大地加速了我的职业生涯发展。我从艾伦身上以及世界各地的同行身上学到了很多东西,让我的生活和客户的生活都发生了改变。

4. 自从业以来你的工作变化最大的是什么?

我已经不再依赖核查清单,以及大型会计公司和咨询公司仍在使用的、精心设计的用于计算计费工时的方法,所以我的工作发生了很大变化。我已经改用我的专业知识来让我的客户强大起来,使他们在最短的时间内取得最好的业绩。而这关键在于速度和影响力。只要够快,影响力够大,每个人都能赢。

5. 你在职业生涯中取得过哪些重大成就？

和艾伦·韦斯合著的商业出版物——《商业财富创造者》是我在咨询行业取得的重大成就，也是我对该行业做出的主要贡献。《商业财富创造者》向中端市场和小型企业的企业老板提供了关于如何增加企业整体收入和净利润，如何积累自己的财富以及如何留下遗产等建议。本书给了其他咨询顾问和企业顾问一些工具，他们可以利用这些工具壮大自己的事业和客户的事业。

6. 你给同事提的最重要的建议是什么？

我给同事、企业老板及经理提的最重要的建议是，将你为客户创造的价值和业绩进行量化。多数企业无法衡量他们为客户创造的业绩，这也就是我为什么要写《商业财富创造者》的原因。无法衡量你为客户创造的业绩是一个严重错误。你可以说，"我可以帮助你的企业成长，"还可以说，"我让收入提高377%！"后者更具说服力，有助于你吸引更大客户，获取更高报酬，因为你做出了成绩。

7. 你认为咨询行业的前景如何？

对于世界各地的企业家来说，咨询行业的前景是一样的：速度和影响力有助于你向客户提交更好的成绩。独立咨询顾问和精品咨询公司凭借牢固的人际关系和高度的应答能力以及创新能力，能够在策略上击败正在忙于制定核查清单，仍然使用按时收费制度的竞争对手。咨询行业前途光明，因为专业知识具有高度的流动性，更容易跨越时区、国界和文化限制，且全球经济均是由企业家推动发展的，而这些企业家可以从咨询建议中获益匪浅。现在是从事咨询行业最好的时机。

金姆·威尔克森

姓名： 金姆·威尔克森
公司名称： 威尔克森咨询公司
公司成立日期： 1990 年

专业领域和主攻市场： 能提供实时的关键项目的咨询和辅导，帮助组织迅速成长，帮助个人实现深远的发展

员工人数： 无

网址： www.kimwilkerson.com

出版图书： 《成功的语言》(2016年)

居住国： 美国

1. 为什么以及如何进入咨询行业？

我在不同的组织和行业工作过。对于每一份工作，我都热爱，但是到最后我总是无法融入企业中。我在上一家公司工作时，遇到一个两难选择，要么主动辞职，要么等着公司把我裁掉。

在经过一番思考后，我顿悟到，在我以前无法融入的每一个工作场景中都有一个共同点，即我无法融入一个企业，且很有可能我永远都无法融入任何企业。就在那一刻我意识到，我应该创建属于自己的企业。因此，独立咨询顾问应运而生。

背景故事：在我20多岁刚开始工作的时候，我就知道总有一天我要自己创业。当时我就明白，我需要在公司经过几十年的历练才能让人信赖。当我比我预想的时间提前20年完成这一跨越时，我自己都感到惊讶。具有讽刺意味的是，我在公司工作期间的致命弱点——性格和特征却成为我作为一名咨询顾问成功的垫脚石。这是一个有趣的事情的两面性。

2. 你职业生涯的哪个阶段犯过的错误是最大的，这个错误是什么？

在职业生涯初期没有想过要变得足够强大（初期指的是最初的十年间）。这虽然不是一个致命的错误，但肯定会导致错失很多机会。在我能服务的组织范畴（超过现在服务的组织范畴）、提供的附加价值以及相关收费上，我从来没有想过要扩大变强。

3. 什么加速了你的职业生涯发展？

读了《咨询顾问的商业思维》(1992版) 以及在2001年加入艾伦百万年薪咨询顾问俱乐部后，我的职业生涯有了很大发展。

我是在创业十多年后才加入艾伦俱乐部的。在20世纪90年代，独立咨询顾问可以获取的资源很少。而艾伦的辅导课程、研讨会和各种独特的作品以及为独立咨询顾问和精品咨询公司创办的俱乐部正好填补了这一空白。15年以后，我继续听取他的意见，与俱乐部的咨询顾问进行互动来加速我的职业生涯发展。

4. 自从业以来你的工作变化最大的是什么？

在早期，项目的重点是修复损坏的或不够好的东西。无论是人、流程还是生产力，重点是解决问题，然后进行补救。虽然还存在一些这样的工作，但是在当今世界，客户的关注和需求已经演变成更多的机会和创新（而不是仅仅修复东西）。客户需要的是一个值得信赖的顾问和合作伙伴，而不仅仅是一个雇用的帮手或者服务提供商。工作和关系具有高度协作性。

当今，精英中的精英（高管和组织）渴求专业知识，并认为这类咨询合伙关系是他们成功的重要要素。

5. 你在职业生涯中取得过哪些重大成就？

客户对我们合作成果的评价，是对我们最好的宣传。

虽然我是客户成功实现目标的催化剂，但是我最大的成就是，独立咨询顾问这个工作让我找到了自己的定位，让我可以创造以及过我想要的生活。

6. 你给同事提的最重要的建议是什么？

很多咨询顾问和教练在工作中能轻而易举地证明他们的价值，但实际上却很难向客户传达他们的价值。在这一点上，知道自己的所长，认清自我价值，实现自我价值，然后承认自我价值是至关重要的。要能够传达自我价值，而不仅仅是证明自我价值。要有信心，敢于承认自己，承认自己所做的事情，敢于承认自己提供的价值。

机会现在就有，也一直是无穷无尽的。对于那些既想对个人和组织成功做出贡献，又想掌握自己命运的人来说，咨询工作是一个不错的选择。在咨询行业，你可以创造你想要的工作，更重要的是，可以创造你想要的生活。

7. 你认为咨询行业的前景如何？

对于咨询和教练行业，现在不仅仅是单纯的咨询和教练工作，这一行业已经发展成与那些想要获得突破、机会、创新和成功的客户进行合作。根据自己的专业知识，担当客户的顾问，与此同时与客户建立可信的合伙关系，将会深受客户欢迎，并能为客户带来更大价值。

> 最后思考：我发现，约有10%的人愿意接触书中或研讨会中的新思想，且这些人会迅速采取实际行动。其实，你每天只需提高1%的效率，就可以让你的效率不断翻倍。当你读到最后，你就会明白成为百万年薪咨询顾问的动力其实就是你自己。